쉽게 풀어 읽는

바가바드기타

쉽게 풀어 읽는
바가바드기타

2010년 6월 18일 초판 1쇄 발행
2024년 6월 25일 초판 3쇄 발행

펴낸곳 (주)도서출판 삼인

지은이 이현주
기획 신앙인아카데미
원고정리 강창헌
펴낸이 신길순

등록 1996.9.16. 제 25100-2012-000046호
주소 03716 서울시 서대문구 성산로312 북산빌딩 1층
전화 (02) 322-1845
팩스 (02) 322-1846
이메일 saminbooks@naver.com

표지디자인 (주)끄레어소시에이츠
인쇄 수이북스
제본 은정제책

ISBN 978-89-6436-012-5 03150

값 10,000원

쉽게 풀어 읽는

바가바드기타

이현주 지음

삼인

글 싣는 순서

일러두기

이 책은 저자가 신앙인아카데미에서 일반인을 대상으로《바가바드기타》에 대해 해설한 강의를 정리한 것이다.《바가바드기타》(간디 해설, 이현주 옮김, 당대)를 강의 교재로 삼았다.

저자의 말

마하트마 간디 선생께서 신약성경의 〈산상수훈〉과 힌두교 경전인 《바가바드기타》를 밤낮으로 암송하며 거기에서 당신 삶의 자양분을 얻으셨다는 얘기는 세상이 잘 아는 바입니다.

미묘한 인연으로 간디 선생이 해설한 《바가바드기타》를 읽고 그것을 한글로 옮긴 일은 저에게 주어진 수많은 하늘의 은총들 가운데 하나였습니다.

그렇게 해서 나온 책을 보고 신앙인아카데미에서 《바가바드기타》에 관해 해설하는 강좌를 부탁해 왔을 때, 이 아무개가 《바가바드기타》를 해설한다면 날아가던 새도 웃겠지만, 그러나 일개 독자로서 책 하나를 읽고 드는 생각이나 소감을 말하는 거야 못할 일도 아니지 싶어서, 망설이다가 결국 그러자고 했습니다.

이 책은 네 번에 걸쳐 이루어진 저의 신앙인아카데미 강연 내용을 녹음, 정리한 것입니다. 불분명한 발음과 공연한 장광설을 참아 내며 녹음된 것을 받아 적어 준 아카데미 실무자들께 감사드립니다.

당신의 아쉬람에서 매일 새벽 기도 시간에 《바가바드기타》를 읽고 그 내용을 풀어 준 간디 선생, 그것을 충실하게 받아 적은 이름도 알 수 없는 두 제자, 그리고 그렇게 해서 만들어진 원고를 책으로 펴낸 출판인, 인도에서 그 책을 구입하여 저에게 선물한 금 아무개 목사, 신앙인아카데미 강좌를 들으러 온 여러 길벗들, …… 그리고 지금 이 책을 손에 든 바로 당신까지, 헤아릴 수 없이 많은 이들의 숨은 공(功)으로 오늘 이 책이 세상에 나옵니다.

저로서는 그 많은 이들의 공동 작업에 한 부분을 감당

할 수 있었다는 사실을 더없는 영광으로 알고, 다만 감사
드릴 뿐입니다.

이 책은 《바가바드기타》에 대한 해설이 아닙니다. 굳이
말하자면, 《바가바드기타》에 대한 어느 독자의 미숙한 소
개 정도라고는 할 수 있겠습니다.

이 책을 통하여 《바가바드기타》의 오묘한 가르침을 직
접 경험할 계기가 어느 분에게 마련된다면 저로서는 더
바랄 것이 없겠습니다.

고맙습니다.

이 아무개

1강
다르마의 길

제가 어떻게 이 자리에 섰는지 여러분께 설명을 좀 드려야겠습니다. 이 아무개가 《바가바드기타》를 해설한다면 여러 사람이 웃으리라고 생각합니다. 번역한 책 《바가바드기타》(간디 해설, 이현주 옮김, 당대)도 돌아보면 무식한 놈이 용감한 그런 꼴입니다. 《바가바드기타》란 책이 어떤 책인지 사실 저는 잘 몰라요. 해설서들을 좀 읽어 보려고 했지만, 제 머릿속에는 《바가바드기타》 하면 어려운 책이라는 생각이 박혀 버렸어요.

1970년대 초에 함석헌 선생님이 《씨일의 소리》를 내실 때, 그 잡지에 《바가바드기타》 해설을 연재하셨습니다. 저는 그때 처음으로 《바가바드기타》라는 책이 있는 걸 알았지요. 제가 막 대학을 졸업하던 그 무렵일 텐데요, 그때 《씨일의 소리》를 구독했기에 선생님의 《바가바드기타》 해설을 읽을 수 있었습니다. 하지만 제 머리에 남아 있는 건, '아, 어렵다', '뭔 말인지 모르겠다' 그런 생각이었어요. '아무래도 이 책은 내 실력으로 못 읽겠구나' 생각하고는 접어 뒀죠.

13

그랬는데, 1992년이나 1993년도쯤 됐을 거예요. 호주에서 오랫동안 공부하다가 귀국길에 인도에 몇 달 체류한 후배 목사가 있는데, 그 목사 집에 가서 이런저런 이야기를 나누던 중에 자기가 인도에서 간디 선생 전집을 사 왔다는 거예요. 엄청난 돈이 필요했을 텐데 그걸 어떻게 샀느냐고 했더니 우리나라 돈으로 한 권에 오백 원 정도 주고 샀다는 거예요. 인쇄나 종이 질이 우리나라 1950년대쯤에 나오던 것과 비슷한 그런 책이었어요. 대강 책 제목들을 훑어보는데, 간디 선생이 《바가바드기타》를 해설한 게 있더란 말씀이죠. 그 '어려운 책'을 간디 선생이 해설해 놓으셨다니까 읽고 싶은 마음이 생기더군요. 그래서 얘길 했더니 그 친구가 흔쾌히 두 권을 저한테 주는데, 《바가바드기타》와 힌두교의 인간 이해에 관한 책이었어요.

우선 《바가바드기타》를 읽는데, 뭔 말인지 모를 대목도 물론 있지만 어떤 대목은 좀 알아듣겠더군요. 그래서 계속 읽었어요. 대개 남의 나라 말로 된 책을 읽다 보면, 참 책이 좋다, 제대로 좀 읽어 봤으면 좋겠다 싶은, 그런 욕심이 들 때가 있지요. 착실히 읽는 방법은 번역을 하는 겁니다. 그냥 읽을 때에는 모르는 내용이 있어도 대충 넘어가지만 번역을 하려면 그래서는 안 되잖아요? 그래서 번역을 시작했지요. 그게 1992년도 말이나, 1993년쯤 됐을 거예요. 누가 해 달라는 것도 아니고 저 혼자 좋아서 원고지도 아니고 이면지에다 번역을 했어요. 그러다 중간에 잊고 내버려 뒀는데 3년쯤 전, 후배 목사님이 내는 잡지에 《바가바드기타》를 연재하면서 나머지 부분을 마저 옮긴 것입니다.

제가 번역을 좀 했어요. 쓸데없이 많이 했다 싶기도 합니다. 그나마 대부분 책들이 죽어서 다행이라고 생각합니다만, 어떤 책은 번역하는 데 힘은 좀 들었지만 참 보람 있었다는 생각에 혼자 흐뭇해하기도 합니다. 여러분도 그렇지 않아요? 보람 있는 일을 했다 싶을 때 뿌듯하지 않습니까? 그런 느낌을 주는 책이 몇 권 안 되는데, 그중 하나가 이것입니다. 이 책은 베스트셀러는 안 되겠지만, 확실히 좋은 책입니다.

이 책은 《바가바드기타》에 대한 간디 선생의 해설입니다. 여러분도 아시다시피, 간디 선생은, 그런 분이 이십세기에 이 세상에서 살았다는 사실 하나만 가지고도 참 놀랄 수밖에 없는 그런 존재지요. 오죽하면 '마하트마'라고 이름을 붙였겠어요? 마하트마는 '위대한 영혼'이라는 뜻입니다. 사람들이 그를 하나의 영혼으로 보되, 보통 영혼이 아니라 위대한 영혼으로 봤던 거예요. 사람들이 자기를 보고 마하트마, 마하트마, 그렇게 부르니까 자기 생전에는 그렇게 좀 부르지 말아 달라고 부탁했다는군요. "내가 살아 있는 동안에는 나를 위대한 영혼이라고 부르지 마라. 그런데 만약의 경우 내가 죽으면서 '하느님' 이름을 부르거든, 그때엔 그 이름을 써도 되겠다." 이렇게 말씀하셨다는 거예요. 아시다시피 간디 선생이 힌두 청년한테 총을 맞지 않습니까? 바로 그 순간 두 손을 모으고, 상대방을 바라보면서 "하느님" 하고 죽었다는 거예요. 그러니 우리가 마하트마라는 이름으로 불러도 괜찮은 것입니다.

아무튼 앞으로 계속해서 인류가 참고하고 존경하고 배워야 할 위대한 스승이요. 그렇기 때문에 그분은 고인이 아니라 앞으로 세월과 함께 더 활기차게 살아 계실 분이라는 생각입니다. 그런 의미에서 이분의 《바가바드기타》 해설을 한국말로 번역하여 우리나라 사람들이 읽을 수 있다는 사실. 그걸 저는 제가 한 일 가운데 참 드물게 기특한 일이라고 생각합니다. 사실은 이런 말을 제가 드리면 안 되는 거예요. 왜냐하면 《바가바드기타》를 제대로 읽었다면 이렇게 말할 수 없는 것이거든요.(웃음) 그런데 할 수 없이 보통 우리가 쓰는 습관적인 언어로 '내'가 했다고, '나'라는 단어를 쓰긴 썼습니다만, 사실은 그런 말을 하면 안 된다는 게 이 책의 얘기고, 간디 선생의 가르침이지요.

책을 번역하고 나서, 번역한 책을 제가 또 읽는 경우는 별로 흔하지 않습니다. 그런데 이 책은 번역하고 나서 세 번 정독했어요. 번역하고 나서 읽으니까 또 재미있더군요. 왜냐하면 번역할 때는 정독한다고 하지만, 한 문장 한 문장 읽기 때문에, 앞뒤 문맥을 한꺼번에 생각하면서 읽지를 못해요. 그런데 일단 책으로 묶여진 다음에 읽으면 앞뒤 흐름에 따라서 문장을 읽거든요. 그래서 전에 읽지 못했던 내용을 읽을 수 있지요.

제가 세 번을 읽었고요, 앞으로 더 읽어 보려고 그러는데, 왜 세 번을 읽었느냐 하면, 읽을 때마다 재미있기 때문이에요. 처음 읽을 때는 무슨 내용인지 무슨 의미인지 몰랐는데 두 번째 읽을 때는 '아, 이게 그랬구나' 그러니까 옮길 때는 뭔 말인지 몰라서 '내가 아무래도 오역했을 거다' 했는데, 그렇다면 제대로 번역된 거구나, 이렇게 확인하는 재미도 있잖아요? 그래서 지금 제가 읽고 있습니다. 머리맡에 놓고 밑줄도 쳐 가면서 보지요.

특히 좋은 점은, 이 책 머리말을 읽어 보신 분은 아시겠습니다만, 간디 선생이 아쉬람에서 함께 살고 있는 젊은 이들, 그들은 학식이 많은 사람이 아닙니다. 개중에는 글자를 모르는 사람도 많죠. 그 사람들하고 새벽 기도를 하신 다음에 《바가바드기타》를 한 시간씩 읽은 거예요. 읽고 나서 당신 생각을 말씀하시고, 그랬던 건데 그때 당시에도 녹음기야 있었겠지만, 그 방에는 녹음기가 없었던 모양이고, 어떤 두 제자가 베끼는 데 특출한 능력이 있었나 봐요. 그래서 얘기하시는 내용을 그냥 두 사람이 열심히 받아쓴 거예요. 그렇게 받아쓴 것을 다듬어서 책으로 냈습니다.

자세히 읽다 보면, 여기서 갑자기 왜 이런 말씀을 하셨는지, 잘 이해가 안 되는 대목도 있습니다. 그것은 아마도 베껴 쓰는 과정에서 어느 부분이 누락되지 않았을까 하는 생각도 드는데요. 잘 이해가 안 되는 부분, 잘 파악이 안 되는 개념도 나옵니다. 번역한 제가 볼 때도 그렇거든요. 그렇다고 해서 '난 이게 이해가 안 되니까 그럼 요건 빼고 아는 것만 번역하자' 그럴 수도 없잖아요? 그저 이해가 잘 안 되는 대목도 최선을 다해서 옮기려고 해 보긴 했습니다.

이 책을 읽고 저한테 "좋은 책인 것 같은데 어려워요"라고 말하는 이들이 있더군요. 그러면 제가 그분께 묻습니다. "전부 다 어렵던가요?" 그렇지 않거든요. 이 안에는 참 쉬운 말도 많아요. 누구나 읽고 알아볼 수 있게, 아주 쉽게 된 것도 있거든요. 그런데 쭉 읽다가 어려운 대목이 나오고 그러니까, 파악이 안 되는 게 한두 개 나오면, 그러면 그게 다 어려운 책이 돼 버리는 거예요. 그건 너무 억울하단 말이지요. 밥 먹다가 돌 몇 개 나왔다고 돌밥이라고 그러는 것처럼.(웃음) 돌보다 쌀이 훨씬 많잖아요? 밥 먹을 때 돌이 나오면 골라내고 먹듯이 모르는 대목은 그냥 두고 넘어가면 좋겠어요. 그 대신 읽다 보면 가슴을 치는 문장들이 있거든요. 거기서 한두 문장이라도 잘 곱씹어 본다면, 충분히 그 책을 읽을 가치를 찾은 것이라고 생각합니다. 모르는 대목은 그냥 넘어가고, 아는 구절만 읽고 나서 두 번째로 다시 읽다 보면 전에 모르던 부분을 아는 경우도 있더군요.

책 한 권만 더 소개할게요. 여러분도 아시다시피 간디 선생의 제자이자 친구였던 비노바 바베(Vinoba Bhave)의 책입니다. 그 넓은 인도 전역을 걸어 다니면서 지주들한테 땅을 얻어서 없는 사람들한테 나눠 주는 운동을 하신 분이지요. 그 비노바 바베가 또 《바가바드기타》를 아주 사랑하고 늘 읽는 분이었답니다. 그분이 감옥에 갇혔는데 사람들이 "감옥에 갇힌 신세로 가만히 있을 게 아니라 여기서 《바가바드기타》를 한 번 해설해 주시오" 그러는 겁니다. 그래서 죄수들을 앉혀 놓고 《바가바드기타》를 해설한 거예요. 그러니까 거기 책이 있겠어요, 뭐가 있겠어요? 그 안에서 생각나는 대로 해설을 했는데, 제가 읽어 보니까 정말 여러분께 추천하고 싶은 생각이 들어서 가져왔습니다. 이거 완전히 책 장사네요?(웃음) 비노바 바베가 들려주는 《바가바드기타 이야기》라는 책인데요, 천상의 노래라는 제목입니다. 《바가바드기타》라는 말이 천상의 노래로도 번역되나 보지요? 참 좋은 책이에요. 이게 제가 볼 때는 《바가바드기타》의 핵심이랄까? 가장 중요한 의미를

담았다고 봐요. 감옥에 있는 죄수들한테 얘기하는데 학술적으로 하면 되겠어요? 그래서 아주 평이하게 해설한 책입니다. 이런 것이 참 귀해요. 왜냐하면 《바가바드기타》라는 책 자체가 그 내용이 아주 방대해요. 그래서 읽는 사람에 따라 이렇게도 보고 저렇게도 보고 그러지요. 원래 좋은 작품은 보는 사람마다 다르게 보는 작품이에요. 누구나 다 똑같이 볼 수 있는 작품은, 그건 수명도 얼마 못 가고 그렇습니다. 이 사람이 보면 이렇게 보이고, 저 사람이 보면 저렇게 보이고, 말하자면 여러 얼굴을 가질 수 있는 작품이 인류의 유산이 될 수 있고, 아주 오래 가는 작품인데, 《바가바드기타》가 그런 작품입니다.

그러기에 책의 핵심을 잡아서 그걸 얘기한다는 것은 적어도 《바가바드기타》 자체의 가르침에 아주 동화된 사람, 그야말로 자기 인생을 그 가르침에 따라서 살아가는 사람 아니면 잘 안 되는 거예요. 머리만 가지고 해설하다 보면 어려워요. 뭔 말인지 몰라. 왜 쉽게 얘기 못하느냐 하면,

22

솔직히 말해서, 자기도 잘 모르는 것을 말하려고 하니까 그런 거예요. 자기가 잘 아는 이야기를 하는데 무엇 때문에 어렵게 얘기하겠어요? 제가 번역한 간디 선생의 것은 번역의 오류들이 많을 거예요. 좀 난삽한 부분도 있고, 아, 어렵다, 하는 그런 느낌을 주는 부분도 있는데, 비노바 바베 것은 안 그래요. 그래서 이걸 적극 추천합니다. 이것을 한번 보시면, 무엇을 얘기하려고 하는가를 적어도 중심에서 멀리 벗어나지 않는 시각으로 볼 수 있지 않을까 해요.

비노바 바베라는 사람이 그랬대요. 아시다시피 인도에는 네 계급이 있잖습니까? 네 계급인데, 석가모니는 두 번째 계급이에요. 제일 꼭대기에 브라만 계급이 있고, 그다음에 크샤트리아, 그다음이 뭡니까? 바이샤. 그다음에 수드라. 석가모니는 무사 계급인 크샤트리아지요. 그보다 더 높은 게 브라만 계급인데, 비노바 바베는 브라만 계급에 속하는 사람입니다. 그런데 이 사람이 인도 빈민가에 가서 몇 년 동안 똥 치우는 일을 했잖아요? 유명한 얘기지요. 내가 인류를 위해서 할 수 있는 일이 뭐가 있는가? 인도 사람들은 변소 문화가 발달이 잘 안 됐나 봐요. 그래서 대충 아무 데나 용변을 본답니다. 제 아이도 인도 가서 한 일 년 있다 왔는데, 아침이 되면 다들 요만한 그릇에다 물을 떠가지고 개울가로 나간대요. 뭐하나 봤더니 쪼그리고 앉아서 볼 일을 보더라는 거죠. 그러니까 오물이 많은데, 브라만 계급 출신인 비노바 바베가 그 똥 치우는 일을 한 거예요. 그러다가 간디 선생을 만나지요. 간디를 만났을 때 비로소 자신을 의탁할 만한 선생이라는 생각을 하고 그의 제자가 됩니다.

비노바 바베가 젊은 시절에 늘 고민하던 것에는 두 가지가 있었다고 해요. 고민한다기보다는 추구한다고 그럴까, 그런 거죠. 자기가 인생을 살면서 해결해야 할, 자기가 감당해야 할 일에 대해서 두 가지 큰 목적이랄까? 하여튼 잘 표현이 안 되네요. 그중 하나가 사람들과의 연대입니다. 같은 시공간을 사는 사람들과 더불어 살아가는 문제지요. 그러니까 이것은 어떻게 보면 바람직한 사회나 세상을 만드는 일에 참여하는 것입니다. 이 사람이 머리가 참 좋은 사람이었던 모양인데 세속적인 가치에 대해서는 어려서부터 관심이 없었대요. 학교 다니다가 자퇴했다는데 그 이유가 학교에 오래 다닐수록 사람 되는 데 아무 도움을 받지 못하겠다는 생각이 들었기 때문이라는군요. 그러나 공부는 엄청나게 해서 어떤 박사들도 따라갈 수 없을 정도였던 분입니다. 그래서 좀 더 정의롭고 아름다운 삶을 추구해 이른바 현장에 들어가서 사람들과 함께 살며 바람직한 사회를 만들고자 했지요.

그런데 마음 한편에서는 히말라야로 가고 싶은 거예요. 히말라야는, 아시다시피, 우리 식으로 말하면 도인들 사는 곳 아닙니까? 하여튼 세속을 멀리 떠나서 궁극적인 가치라든가 그런 것에 자기를 바치고 싶은 욕망이 있었던 겁니다. 그러니까 히말라야로 가고 싶은 마음과 사회변혁에 참여하고 싶은 두 가지 마음이 항상 같이 있었던 거지요. 그러다가 간디 선생을 만나고, 간디한테서 두 가지가

다 한 사람에게 있을 수 있음을 발견합니다.

알다시피 간디 선생은 인도 독립을 위해 일하지 않았습니까? 그뿐 아니지요. 불가촉천민들의 권리를 찾아 주려는 사회변혁 운동에 앞장서기도 했지요. 하느님이 주신 바닷물을 말리기만 하면 되는 것이 소금인데, 영국 사람들이 소금 만드는 공장을 독점해서 법으로 정해 비싸게 팔아먹으니까, 너무 억울하잖아요? 그래서 나는 너희가 만든 소금을 사 먹지 않고 내가 만들어 먹겠다, 그렇게 스무닷새인가요? 저 유명한 소금행진을 하지요. 그것이 모두 불의한 사회제도와 법으로부터 사람들이 해방과 자유를 누릴 수 있게 하기 위한 구체적인 행동이지요.

그런데 비노바 바베는 언제나 히말라야에 있는 영적인 깊이에 뿌리를 내리고 싶은 마음이 있었거든요. 제가 간디 선생의 《바가바드기타》를 번역하면서, 제 마음속에서 가슴을 치고 무릎을 치면서 감탄한 것은 아무것도 아니에요. 단순한 것입니다. 아, 하느님을 이렇게도 믿을 수 있구나! 하느님을 믿으려면 이렇게 믿어야지! 하느님에 대한 간디 선생의 믿음이 보일 때마다 얼마나 감격스러운지 몰라요. 아, 내가 기독교 목사라고 하면서 얼마나 순 말로만 하느님을 믿는 척했는가. 그것이 보인단 말이죠. 간디 선생의 말이나 행동에 반영하면 그게 보여요. 하느님을 믿으려면 이렇게 믿어야지, 이게 진짜 믿는 거지, 하는 생각이 드는 거예요.

비노바 바베 선생도 간디 선생을 만나 함께 살면서 그 것을 느꼈던 것 같아요. 그래서 간디 밑에 들어가 공부하고 함께 일하고 그러다가 간디 사후에는 선생이 하던 일을 계속하면서, 간디가 꿈꾸었던 사회를 이루려고 애써 보는 것입니다. 자본주의도 아니고 사회주의도 아닌, 두 이데올로기를 함께 극복해 내는 모두 함께 사는 그런 세상 말이죠. 사랑과 실천. 이 두 단어. 실천 밑에 사랑이 바탕으로 된, 그것으로 새로운 세상을 만들어 볼 수 있지 않겠는가, 그래서 유명한 부단운동(토지헌납운동)을 벌입니다. 그 넓은 인도 땅을 몇 년 동안 걸으면서 지주들에게 호소하는 것이지요. 뭐 하러 그렇게 많은 땅을 가지고 있느냐. 내놓아라. 그리고 없는 사람들에게 주자. 그 운동이 벌어질 때에 불가사의한 일들이 많이 일어나서 세상을 놀라게 했다고 합니다. 그것은 지금도 계속되어야 할 실험 가운데 하나라고 생각합니다만, 하여튼 그런 발자취를 남긴 분들입니다.

자, 바야흐로 21세기가 도래했는데 어떤 세상이 되어야 할 것인가? 저는 뭐 그렇게 미래를 전망하지 못하지만, 몇몇 분들이 이야기하는 것을 들어보면, 방금 말씀드린 사회변혁 운동과 영성 운동, 기도와 사회생활, 이 두 가지가 조화를 이룬다 할까, 일치를 이룬다 할까, 이것이 합해져야 한다는 것이에요. 이것이 앞으로 지구상에서 사람들이 해야 할 중요한 과제라고 그렇게 내다보는데, 거기서 간디 선생을 하나의 모델로 바라보는 것입니다. 그래서 제가 무식한 대로 간디 선생이 해설한 《바가바드기타》를 옮겨 본 것입니다.

예, 그럼 두 번째 이야기로 들어가도록 하겠습니다. 혹시 앞에 제가 말씀드린 것 가운데 미심쩍은 것이나 모르겠는 것이 있으면 먼저 질문해 주시겠습니까? 아무거나 좋습니다. 저 혼자 이야기하는 것보다 여러분과 이야기를 주고받을 수 있으면 좋겠습니다.

【질문】사회변혁 운동과 영성 운동을 말씀하셨는데요, 영성과 사회변혁이 어떤 관계입니까? 영성을 어떻게 이해해야 할까요?

그것을 알아보려고 영성 운동을 하는 것이지요.(웃음) 제가 그것을 간략하게 한두 마디로 요약할 수 있는 천재는 못 되고요, 예를 들면, 이렇게 말할 수 있겠습니다. 한 그루 나무를 상상해 봅시다. 나무 한 그루가 건강하게 잘 살면 혼자 사는 것이 아니지 않습니까? 나무 한 그루가 건강하면 그것과 아울러 여러 생명이 살지요. 열매를 먹는 놈도 있고요. 꽃이 피면 벌이나 나비도 그 덕분에 살고요. 바람이 불기도 하고, 그늘이 지면 사람들이 쉬기도 하고, 개미, 족제비 이런 것들이 한 그루 나무와 더불어 살지요.

나무가 건강한 것이 곧 우리가 건강한 것이라고 할 수 있어요. 내 폐에 종기가 났다고 합시다. 그럴 경우에 내 폐가 앓는 것입니까? 내가 앓는 것입니까? 답은 둘 다 맞지요. 한 사람이 건강한 것은 세상이 건강한 것과 마찬가지고, 한 사람이 병든 것은 세상이 병든 것과 같은 것입니다.

그런데요, 나무 한 그루가 건강하려면 최소한 뿌리 부분이 건강해야 합니다. 뿌리가 건강하면 나무는 저절로 건강한 거예요. 물론 벌레가 먹기도 하고 그런 일이 있을 수 있지만, 기본적으로는 뿌리가 건강해야 나무 열매가 튼실할 수 있어요. 꽃이 피고 열매를 맺는 것은 우리 눈에 보이잖아요? 세상에 드러난단 말이에요. 우리가 사회변혁 운동을 한다고 할 때, 그것은 숨어서 할 수 없어요. 거리에 나가서 데모를 해야지, 집 안에 앉아서 데모할 수 없잖아요? 불의한 현장이 있으면 그리로 가야 해요. 그렇게 세상에 드러내어야 합니다. 자기를 먼저 밝히지 않고 세상을 밝힐 수 있는 빛은 없어요. 그런 의미에서 사회적인 행동이라고 하는 것은 어차피 세상에 드러날 수밖에 없는 거예요.

열매와 뿌리를 가지고 비교한다면 제가 볼 때에 '영성'은 뿌리에 해당하지요. 사실 그건 잘 드러나 보이면 안 돼요. 그래서 예수님도 길거리에서 기도하지 말라고 하셨지요. 두 팔을 벌리고 길거리에서 기도하지 마라. 기도는 그렇게 하는 것이 아니다. 아무도 못 보는 골방에 들어가서 혼자 하는 것이 기도다. 뿌리가 드러나면 안 되잖아요? 뿌리가 드러나면 나무는 죽어요. 뿌리는 꼭꼭 숨어야 해요. 영성은 그런 의미에서 세상 사람들의 이목에는 보이지 않지만, 가장 중요한 것이지요. 무엇보다 중요한 것이 뿌리 아닙니까? 우리는 나무를 옮겨 심으면 어떻게 합니까? 뿌리를 자릅니까, 가지를 자릅니까? 가지를 치지요. 왜냐? 뿌리를 살리기 위해서. 가지보다 뿌리가 훨씬 중요하기 때문이에요. 그래서 영성, 다시 말해 안 보이는 곳에서 절대자와의 만남을 기도라고 한다면, 그것이 튼튼해야 사회 행동이 제대로 된다는 것이지요. 열심히 사회 행동도 하고 데모도 하고 감옥에도 가고 하던 분들이 상황에 변화가 오면 그만 나태해지고 갈 곳을 잃어버리는 경우가 있어요. 우리가 1990년대 초에 경험하지 않았습니까? 동유럽과 소비에트연방이 무너지면서 그때까지 열심히 사회 변혁 운동을 했던 사람들이 순간적으로 당황하고 이젠 무얼 해야 하나 고민했지요. 그것은 제가 볼 때에 그동안 열심히 행동했지만, 고요한 가운데서 기도하는 것이 부족했기 때문이 아닐까 합니다.

하지만, 가만히 앉아 기도만 하는 그것은 진정한 기도가 아니에요. 지금까지 영성은 산으로 들어가는 것만 위주로 생각했는데, 산에 왜 들어갑니까? 결국 나오려고 들어가는 거예요. 등산은 왜 하지요? 내려오기 위해 올라가는 겁니다. 그런 의미에서 영성 운동을 하는 이들은 자기가 하느님께 기도한 내용을 어떻게든 사회적으로 꽃을 피워야 한단 말이지요. 나타내야 합니다.

제가 가톨릭을 잘 모릅니다만, 상식적으로 이야기할 때에 가톨릭에는 열심히 봉사하고 교육하고 하는 활동 중심 수도회가 있는가 하면, 기도와 명상을 중심으로 하는 관상(觀想) 수도회가 있지요. 이렇게 한 교회 안에 관상을 중요시하는 수도회와 활동을 중요시하는 수도회가 나란히 있어서, 나무로 말하면 뿌리와 가지 역할을 제대로 하는 거지요. 이것이 개인의 차원에서나 집단의 차원에서나 이루어져야 한다고 보는 겁니다. 영성 운동은 어떻게든 사회변혁 운동으로 그 내용이 실현되어야 하고, 사회변혁을 위해 일하는 사람들은 그 운동을 통해서, 기독교식으로 표현하면, 신과의 합일을 향한 걸음을 걸어야 합니다. 데모에만 대장이 되어서는 안 되고, 기도도 깊어져야 한다는 거예요. 그것을 잘하신 분이 바로 간디 선생이지요. 영성이 무엇이냐고 질문하시는 데 이런 식으로 대답해도 될지 모르겠습니다.

【질문】《바가바드기타》에는 호전적인 내용이 많아서 전쟁을 옹호하는 것처럼 보이는데 정말로 그런 것입니까, 아니면 마음의 투쟁을 이야기하는 것입니까?

　바로 그게 이 《바가바드기타》의 중심 테마라고 이야기들 합니다. 아르주나는 참으로 전쟁을 좋아하는 용맹무쌍한 사람이지요. 언제나 전쟁에 앞장서서 용감하게 싸운 사람인데 갑자기 전쟁터에서 회의에 빠집니다. 왜냐하면 자기가 죽여야 할 적들이 전부 사촌이거든요. 또 자기와 같은 선생님 밑에서 배운 도반들이기도 하고. 내 형제인데, 왜 저들을 죽여야 하는가? 자기가 해야 할 일에 대한 회의를 느낀 것입니다. 그것이 질문으로 제기된 것이고, 그것에 대해 크리슈나가 답하는데, 크리슈나는 아르주나가 타는 전차를 모는 마부의 모습을 한 신의 화신입니다. 그리스도교의 그리스도와 비슷한 존재라고 할 수 있어요. 이야기는 크리슈나가 아르주나를 통해 제기된 문제를 풀어가면서 마침내 아르주나로 하여금 전쟁을 하게 만듭니다. 《바가바드기타》에는 나오지 않지만, 판다바가 승리하지요. 결국, 어떻게 싸움에 대한 회의를 극복하고 전쟁에 나가는지 그 과정을 이야기하면서, 힌두교라는 종교의 가장 중요한 가르침을 설명하고 있습니다. 재미있는 책이에요. 사실 전쟁을 북돋고 폭력을 정당화하는 책이라고 이해하고 그렇게 가르친 사람들이 많이 있었습니다. 그러나 간디 선생이나 비노바 바베의 견지에서 볼 때는 완전히 잘못 읽은 것이에요. 《바가바드기타》는 폭력을 조장하는 책이 아니라 비폭력의 성경이죠. 아까 말씀드린 것처럼, 보는 이의 관점에 따라 전쟁을 옹호하는 문학으로 볼 소지가 충분히 있는 책입니다. 그러나 간디나 비노바 바베는 전혀 다른 관점에서 해석을 한 것입니다. 이 책은 폭력이 아니라 비폭력을 위한 성경이라고 말이지요.

질문 또 있습니까? 대체로 질문이라는 것도 무얼 좀 알아야 하지요.(웃음) 우리가 별에 대해 질문한다고 할 때, 별이 있다는 사실을 아는 사람만 그런 질문을 합니다. 별을 한 번도 본 적이 없는 사람은 별에 대해 질문할 자격이 없어요. 그래서 내가 무얼 질문할 수 있는 것도 이미 상당한 것입니다. 무엇에 대해 뭘 조금 아니까 하는 것인데, 사실은 모르니까 하는 것이고요. 재미있지요? 몰라서 하는 것인데 알아서 하는 것, 그게 바로 질문이란 말입니다.

자, 그러면 《바가바드기타》 이야기로 들어가 보도록 하겠습니다. 인도에는 《마하바라타(Mahabharata)》라는 방대한 서사시가 있다고 해요. 자그마치 십만 구절로 되어 있다고 합니다. 정말 엄청난 분량의 서사시지요. 이것을 바야사라는 사람이 쓰고 편찬했다고 하는데 과연 혼자서 했겠는가, 의심이 듭니다. 학자들이 분석해 보니 기원전 4백 년에서 기원후 4백 년 그 어간에 만들어진 책이라는 결론이 나왔거든요. 그러니까 근 8백 년이라는 세월에 걸쳐서 만들어진 것입니다.

여기에는 힌두이즘의 모든 가르침이 들어 있다고 볼 수 있어요. 그 대서사시의 한 부분이 바로 《바가바드기타》입니다. 많은 서사시의 내용들 가운데서 왜 하필 《바가바드기타》냐 하면, 서사시 《마하바라타》가 이야기하려는 근본적인 내용들이 그 안에 함축됐다고 보기 때문이지요. 마치 바울로가 보낸 서신들이 많지만, 그중 〈로마서〉에 바울로의 사상이 집약됐다고 보는 것과 비슷하다고 할 수 있겠습니다.

그래서 《마하바라타》의 《바가바드기타》를 따로 읽는 거예요. 그 내용은 한 왕가를 중심으로 해서 일어나는 전쟁 이야기입니다. 판다바와 카우라바 두 가문이 있는데, 이 두 가문이 왕권을 가지고 다투는 거예요. 이쪽이 왕권을 잡으면 저쪽이 유배당하고 다시 저쪽이 왕권을 회복하고 뭐 그런 이야기일 텐데, 판다바가의 아르주나 아버지가 카우라바가에 의해 권좌에서 쫓겨난 모양입니다. 다 형제들이에요. 우리 역사도 그렇잖아요? 드라마 〈용의 눈물〉도 형제끼리 싸우는 이야기 아닌가요? 그래서 아르주나가 자기 아버지로부터 당연히 물려받아야 할 권좌를 빼앗겼기 때문에 그것을 되찾는 전쟁을 하는 겁니다.

아르주나는 활을 잘 쏘는 궁사이자 전사예요. 이 사람이 군사를 몰고 가서 저쪽 카우라바가의 군대와 대전을 하는 것입니다. 그런데 아르주나는 자신의 전차를 크리슈나에게 몰게 하지요. 크리슈나는 아시다시피 신의 화신(化身), 곧 신입니다. 스승이면서 신인데, 전차병으로 출전하는 거예요. 아르주나가 전차를 양쪽 진영 중간에 놓아 달라고 부탁합니다. 그래서 크리슈나가 전차를 몰아 양편 중간에 놓지요. 아르주나가 상대편을 보니 자기가 죽여야 할 상대방이 다른 사람이 아닌 자기 형제들, 사촌들이거든요. 그래서 조금 전에 말씀드린 것처럼 자기가 해야 할 일에 대한 회의가 든 것입니다. 과연 내가 형제들을 상대로 전쟁을 해야 하는 것인가. 그래서 망설이지요. 크리슈나가 그의 고민하는 말을 듣고 권면(勸勉)을 하면서 대화가 시작되는데 1장은 무대 설정이고 2장부터 크리슈나가 본격적으로 이야기를 합니다. 첫 마디가 그것은 착각이다, 그래서 너는 전쟁을 해야 한다. 이런 식이지요. 그리고 왜 그런지 이유를 풀어 가면서 힌두교의 중요한 가르침들이 하나하나 해설되는 것입니다.

　여기서 아르주나의 군대는 '다르마'입니다. 저쪽 카우라바가의 군대는 '아다르마'라고 하지요. 판다바가의 군대는 '다르마', 카우라바가의 군대는 '아다르마', 결국 '다르마'와 '아다르마'의 충돌입니다. 《바가바드기타》에는 몇 가지 중요한 개념이 있는데, 그 가운데 하나가 '다르마'예요. 여러분 다르마(dharma)란 말 많이 들어 보셨지요? 보통 한문으로 번역할 때 '법(法)'으로 번역하는데, 사실 다르마만큼 여러 의미를 지닌 말도 드물어서 법이라고만 번역하기엔 좀 미흡합니다. 길이란 의미도 있고요. 앞에 '아(a)'를 붙이면 그게 아니라는 뜻, 곧 비(非)가 됩니다. 그래서 폭력하면 '힘사'이고 비폭력하면 '아힘사'인 거예요.

　다르마가 뭐냐? 간디나 비노바 바베 선생은 신이 우리에게 제시한 삶의 길, 또는 임무라고 봅니다. 간디 선생은 임무(duty)란 말을 많이 쓰시지요. 비노바 바베 선생도 임무란 말을 쓰셨습니다. 사람은 누구나 자기 임무를 가지고 태어났다는 거죠. 세상에 올 때 그냥 온 사람은 없다는 거예요. 여기 앉아 계신 여러분도 저마다 성스런 임무를 가지고 태어났고, 그게 다르마입니다.

아르주나의 군대는 바로 그 하늘이 준 성스런 임무를 수행하는 군대이고 그래서 이름이 '다르마'입니다. 그런데 반대편 적은 아다르마(adhrma), 곧 하늘이 준 임무가 아닌 다른 어떤 임무, 하늘이 준 길이 아닌 다른 어떤 길을 대표하는 겁니다. 지금 이 두 길이 전쟁을 하는 거죠.

《바가바드기타》에서 가장 중요하게 강조되는 것은 신의 뜻에 대한 절대적인 복종입니다. 신이 누구냐, 신의 뜻이 뭐냐, 이렇게 묻다 보면 막 복잡해지지요. 하지만 어쨌든 신이 내린 임무에 충실한 다르마의 길을 가야 한다는 거예요. 열심히 일을 하는데 그 일이 신이 내린 임무가 아니면 아다르마인 거죠.

그래서 많은 해석자들이, 간디 선생도 그렇습니다만,

실제로 역사 현장에서 마치 계백 장군이 황산벌에서 전쟁했다는 식의 얘기가 아니라, 전쟁이라는 틀로 우리 내면에서 일어나는 싸움을 형상화해서 얘기한 것이라고 보지요. 우리 속에는 신의 뜻을 따르려는 힘과 거역하려는 힘이 항상 충돌하는데 이 싸움에서 어떻게 승리할 것이냐, 말하자면 어떻게 신의 뜻에 따르는 삶을 살 것이냐, 그 방법을 가르쳐 주는 책이 《바가바드기타》라는 해석이지요.

그렇다고 해서 그 싸움이 순전히 우리 마음속에서만 일어나는 그런 것은 아니에요. 내 마음에서 일어나는 일은 내 삶의 현장에 그대로 나타나는 겁니다. 내가 속으로 어떻게 생각하고 있느냐가 직장에 가서 어떻게 처신하고 있느냐에 다 드러난단 말이에요. 속에 거짓이 있으면 거짓된 행동을 할 수밖에 없는 거예요. 속에 진실이 있으면 물론 진실한 행동을 하겠지요. 그런 의미에서 이 싸움은 생각 속에서만 일어나는 관념의 투쟁이 아니라, 구체적인 삶의 현장에서 일어나는 투쟁이다, 이렇게 봐야 할 것 같아요.

어떻게 하면 우리가 다르마의 길 곧 신이 내린 임무를 수행하면서 사는 길을 갈 것인가? 지금 크리슈나는 아르주나에게 전쟁을 해서 상대방을 무찌르는 것이 다르마란 얘기를 하는 거예요. 왜 그것을 망설이느냐? 네가 망설이는 이유는 간단하다. 네 집착과 착각 때문에 망설이는 것이다. 네가 다르마의 길 곧 신의 명령에 복종하며 살아야 하는데 그것을 못하게 하는 것은 네 안에 있는 착각과 집착이다.

그토록 전쟁을 좋아하던 자가 어느 날 싸워야 할 상대가 형제들임을 알았단 말입니다. 그러자 과연 전쟁을 해야 하는 건지 망설이는 거예요. 근사한 명분이죠. 아, 정말 신의 뜻에 복종한다고 하지만 이럴 순 없어. 어떻게 형제를 죽인단 말인가? 우리가 이렇게 많이 생각하지요. "아무래도 이건 하느님 뜻이 아닌가봐." 그래도 그건 약과예요. "이건 분명 하느님 뜻이야." 이렇게 단언하는 사람들! 아이고 참 큰일입니다. 농담처럼 말했습니다만, 이 세상에 살고 있는 사람으로 누가 이것이 하느님의 뜻이라고, 또는 하느님의 뜻이 아니라고 단정할 수 있겠어요? 그런 말을 하려면 하느님보다 큰 존재라야 합니다. 감히 그렇게 단정할 자격이 있는 사람은 아무도 없는 거예요.

그래도 이 책은 거듭거듭 다르마를 얘기합니다. 우리 모두 하느님의 뜻을 찾고 그 뜻대로 살아야 한다는 거예요. 아르주나는 지금까지 자기가 신의 명령에 따라서 전쟁을 한다고 생각했어요. 말하자면 다르마의 길을 걸어온 거지요. 그런데 갑자기 상대가 자기 형제라는 사실에 눈이 떠진 겁니다. 그리고 바로 이 인식이 숨어 있던 그의 착각과 집착을 일깨우지요.

간디 선생의 비유가 재미있습니다. 학교 선생인데 자기가 가르치는 두 녀석이 싸워요. 둘이 싸우는 건 수준이 같아서 싸우는 거지요. 누구냐? 하고 벌을 주려는데 보니까 하나가 자기 아들인 거예요. 자, 이럴 경우 어떻게 해야 되느냐? 자기 아들은 내버려 두고 자기 아들과 싸운 아이에게만 벌을 주면 그게 공정한 선생님이냐? 아니죠. 확대하면 이런 얘기가 돼요. 형제를 죽여서는 안 되고 형제 아닌 사람은 죽여도 되는 거냐? 바로 이게 착각이지요. 형제하고는 싸우면 안 되고 형제 아닌 사람하고는 싸워도 된다는 착각이 아르주나 속에 있는 겁니다. 지금까지 용감하게 싸운 건 상대방이 형제로 보이지 않았기 때문이고, 그래서 싸운 거예요. 그런데 지금 갑자기 안 싸우겠다는 겁니다. 아주 그럴싸한 비폭력을 얘기하는 거예요. "아-난 폭력을 행사하지 않겠다" 어쩌고 하면서 말입니다. 그런데 그러는 동기가 비폭력 원리에 의해서가 아니라 집착과 착각에 의해서거든요. 상대가 내 형제기 때문에 그래서 안 싸우겠다는 거예요. 뒤집으면 네 형제 아닌 사람하고는 싸우겠구나? 지금 크리슈나가 바로 이 점을 지적하는 거예요.

네가 싸울 것이냐 말 것이냐는 상대방이 누구냐에 따라서 결정할 사안이 아니라는 겁니다. 싸우라는 것이 신의 명령이면 상대가 어머니라도 싸워야 한다, 이런 말이 이 책에 여러 번 나옵니다. 그리고 그렇게 한 장군들의 예를 들지요. 《마하바라타》에는 아내를 죽이라는 명령을 받지만 망설이다 죽이지 못해서 잘못된 길로 빠지는 장군 얘기도 나옵니다.

상대방을 형제다, 아니다, 하고 가르는 것 자체가 커다란 착각이에요. 세상에서 일어나는 모든 살인은 형 카인이 아우 아벨을 죽인 겁니다. 안 그래요? 모든 살인이 자기 형제를 죽인 거예요. 그런데 지금까지는 상대가 형제로 보이지 않았기 때문에 싸운 거예요. 형제로 보였다면 죽일 수 있겠어요?

이데올로기의 노예가 되거나 잘못된 교육으로 눈이 가려지면 형제가 적의 모습으로 보이게 마련이지요. 이렇게 해서 지금까지 전쟁도 일어난 것이고 인간 세상의 갈등이 빚어진 건데 그 바탕은 착각과 집착이라는 겁니다. 실재를 있는 그대로 보는 게 아니라 자기가 보고 싶은 대로 보는 거예요. 《바가바드기타》는 끊임없이 우리의 이런 착각을 무너뜨리지요. 비노바 바베가 얘기하는 것과 같습니다. 우리가 얼마나 많은 착각을 가졌는지, 그리고 그 착각이 이 이야기를 통해서 어떻게 정리되고 깨져 나가는지,

그런 걸 바라보는 게 참 재미있습니다.

비노바 바베의 비유인데, 어떤 판사가 재판을 아주 잘해요. 눈 하나 깜짝하지 않고 사형을 언도할 수 있는, 법에 투철한 사람이랍니다. 양심의 거리낌이 조금도 없이 법의 이름으로 사형 언도를 내려서 아주 명성이 높아요. 그런데 한번은 죄수가 끌려왔는데 보니 자기 아들이 살인자로 잡혀 온 거예요. 그랬을 때 이 판사가 말하기를, 사형 제도라는 것이 본디 바람직한 게 아니다, 어떻게 사람이 사람을 사형시킬 수 있단 말인가, 모든 살인자는 당시에 미쳐서 그런 것이지 제정신으로 그런 자가 어디 있느냐? 지금은 제정신이 돌아왔는데 과거에 미친 짓 했다고 제정신 돌아온 자를 죽일 수 있느냐? 이러고 있단 말입니다. 자식에 대한 집착이 지금까지 자기가 주장해 온 것을 쉽게 굴절시켜 버릴 수가 있다는 거예요.

그런 의미에서 지금 아르주나는 착각에 빠져, 신이 전쟁을 하라는 다르마를 주었는데 그것을 망설이고 있다는 겁니다. 그래서 정말 신의 명령에 충실하려면 먼저 너를 사로잡은 착각과 집착에서 벗어나야 한다는 그런 얘기를 시방 하는 거예요.

자, 그러면 이제 우리에게 주어진 과제는 뭘까요? 다르마, 신이 나에게 준 임무를 어떻게 제대로 수행하면서 살 것인가? 이것이 우리에게 주어진 과제인 거죠. 아르주나가 그것을 찾아가는 과정이 《바가바드기타》 속에 담겨 있습니다. 질문 있습니까?

【질문】구약성서에도 나오지만, 어떻게 신이 인간에게 인간을 죽이라고 명령할 수 있습니까? 어떻게 전쟁을 명령할 수 있나요?

어떻게 신이 전쟁을 하라고 명하는가? 이런 의문은 누구에게나 생길 수 있다고 봅니다. 사람에 따라서 각자 임무가 다르다고 보는 거예요. 그래서 어떤 사람은 전쟁을 하라는 다르마를 받았는가 하면 어떤 사람은 전쟁을 하지 말라는 다르마를 받았다고 보는 겁니다. 이렇게 설명하면 할 말 없지요? 그래도 이해가 안 되나요? 지금 자매님은 하느님이 전쟁을 명령할 순 없다는 생각을 하고 있는 거예요. 그렇죠? 바로 인간의 생각이 하느님은 이러셔야 한다고 또는 저러시면 안 된다고 착각하게 만들지요.

하느님이 아브라함에게 아들을 죽여서 바치라는 다르마를 주었어요. 그런가 하면 이사야나 다른 예언자들에게는 절대 사람을 죽이지 마라, 사람을 죽이다니 말도 안 된다 이러잖아요? 그러니까 우리가 볼 때 헛갈리는 거예요. 아침에는 죽이라고 했다가, 저녁에는 죽이지 말라고 했다가. 《바가바드기타》가 말하는 것은 모든 사람에게 각자의 다르마를 주었다는 거예요. 그리고 그걸 찾아야 한다는 겁니다. 그걸 가리는 것이 뭐냐 하면 누누이 말씀드린 우리의 집착과 착각이라는 거예요. 그걸 제거하면 누구나 다르마의 길을 간다는 얘깁니다.

자, 그러면 우리가 히틀러를 어떻게 이해할 것이냐? 만약에 그 사람이, 이건 만약입니다, 어떤 착각도 집착도 없이 그 일을 했다면 그건 다르마의 길을 간 거예요. 얘기가 이렇게 되는 겁니다. 난 절대 그렇게 생각할 수 없다고 생각하는 분이 있다면 그렇게 생각하지 말라는 다르마를 받은 거지요.(웃음)

여기서 한결같이 주장하는 건 자기 내면을 성찰하라는 거예요. 내가 어떤 착각에 빠져 있지 않은가, 어떤 집착에 사로잡혀 있지 않은가, 그걸 보라는 얘기예요. 자식에 대한 집착이 조금 전에 말했던 그 판사로 하여금 자기 생각을 바꾸게 만들지요. 사형 제도가 옳지 않다는 얘기를 자식이 살인자로 잡혀 오기 전에 했다면 그건 맞는 얘기예요. 그런데 자식 때문에 그렇게 생각했다면 그건 자식에 대한 집착이 그 사람을 굴절시켰다고 봐야겠지요.

【질문】자식에 대한 집착이 생각을 바꿨다고 볼 수도 있지만, 자식이 살인자로 끌려온 사건이 그동안 못 봤던 다르마를 보게 했을 수도 있지 않나요?

물론이죠. 자기가 그렇게 깨달았다면 그렇다고 할 수 있지요. 《바가바드기타》에 아주 끔찍한 얘기가 나옵니다. 아르주나가 크리슈나에게 당신의 모습을 보여 달라고 조르지요. 화가 고야의 그림 가운데 괴물이 입을 벌리고 사람을 씹어 먹는 장면이 있습니다. 피를 흘리면서 사람을 씹어 먹어요. 크리슈나가 그런 모습을 아르주나에게 보여줍니다. 통념으로는 악마라고밖에 볼 수 없는 그런 모습을 보여주는 거예요.

'이것은 하느님의 명령이다'라는 확고한 신념이 오히려 그분의 명령에 복종하는 삶을 방해하는 경우가 많습니다. 지금까지 자기가 그래왔음을 판사가 깨달았다면, 아들을 재판한 일을 계기로 다르마의 길을 찾았다고 말할 수 있겠지요.

내가 누군지, 내가 하늘로부터 받은 임무가 뭔지를 알면 어떻게 살아야 할지는 저절로 아는 거죠. 크리슈나의 정체를 안다는 것은 곧 자기 정체를 안다는 거예요. 재미있는 것은 아르주나가 크리슈나를 마부로 채용한 사실입니다. 전쟁에서 마부는 자기 목숨을 맡기는 존재예요. 아르주나가 깨달음을 얻은 이유가 있다면 신의 화신인 크리슈나에게 자신을 맡겼다는 거죠. 하느님께 맡기는 것에서부터 시작이에요. 그렇게 맡기면 내가 어떤 집착에 빠져 있는지 하나하나 깨달아 아는 거지요.

데이비드 호킨스(David R. Hawkins)가 쓴 책을 제가 요즘에 봤는데요. 그 사람도 어려서부터 끊임없이 궁극적 진리를 찾는 마음가짐으로 살았더군요. 그런데 마침내 큰 혼란 앞에서 병이 걸렸는데 치료가 되지 않고 그야말로 막다른 골목에 다다라 더 이상 어떻게 할 수 없더랍니다. 그래서 이렇게 한마디로 기도했대요. "신이여, 만약에 당신이 존재한다면 지금 날 좀 도와주세요." 재미있잖아요? 얼마나 정직해요? 그 기도를 하고 난 뒤로 전혀 다른 세계를 봤다는 겁니다.

여기 앉아 계신 여러분도 사심 없이 진심으로, 신이여

저를 당신께 맡깁니다. 죽이든 살리든 맘대로 하십시오. 이런 기도는 두 번 세 번 하면 안 돼요. 딱 한 번 해야 돼요.(웃음) 진심으로 이렇게 한 번 기도하면, 다음부터 우리가 할 일은 뭐냐 하면 주는 대로 받고 가르치는 대로 배우는 거예요. 농담처럼 얘기합니다만, 우리가 할 수 있는 기도 가운데는 백 퍼센트 이루어지는 기도가 있어요. "당신 뜻대로 하십시오." 이 기도는 기도하는 순간부터 이루어져요. 맞아요. 그러니 정말 한번 자기를 신에게 의탁했으면 좋은 일이든 싫은 일이든 취사선택 없이 다 받아들여야 해요. 그래야 하느님 뜻이 이루어질 것 아닙니까? 내가 계산해 봐서 이것은 하느님 뜻에 합당한 것 같으니까 받아들이고, 저것은 암만 생각해도 하느님 뜻이 아닌 것 같아 거절하고, 이런 식으로 반응하면 하느님 뜻이 그 사람을 통해서 이루어 질 수가 없는 거지요.

《바가바드기타》는 이렇게 우리가 지닌 종교적 착각과 환상으로부터 벗어나게 해 주는 재미있는 책입니다. 아르주나가 자기 모습으로 보이지 않으면 우리는 이 책을 읽을 필요가 없어요. 아르주나가 우리 모두를 대표해서 이 이야기를 이끌어 가는 것이에요. 그러니까 "저 사람이 어떻게 될 것인가?" 이런 이야기는 하지 말자는 겁니다. 계속해서 "너 어떻게 살래?" 하고 물어보는데, "아, 나는 이렇게 살아야겠다"라는 답을 찾지 않는다면, 《바가바드기타》를 괜히 읽었다고 할 수 있어요.

알 수 없는 것이 인간사예요. '저 사람이 어떻게 될까?' 이런 질문은 우리를 굉장한 휴머니스트로 만드는 것 같지만, 아닙니다. 그런 질문에 매달리다 보면 결국 나를 놓치지요. 저 사람이 어떻게 되는지를 보느라고 내가 갈 길을 못 본단 말입니다. 《바가바드기타》를 잘 읽으려면 한눈팔지 말고, 어떻게 이야기의 중심 테마를 잡을 수 있을 것인지를 끊임없이 성찰해야 합니다.

성경에도 그런 이야기가 있어요. 부활하신 예수님이 승천하기 전에 베드로에게 말씀하시지요. "네가 젊었을 땐 네 마음대로 돌아다니겠지만, 나이가 들면 사람들이 너를

묶어서 네가 원치 않는 곳으로 데려갈 것이다." 어떻게 보면, 장래에 일어날 일을 미리 예고하는 듯한 이야기를 하시는 거예요. 그런데 베드로가 "예, 알겠습니다"라고 대답하는 대신, 뒤를 돌아보니 요한이라는 사람이 거기 있단 말입니다. 그래서 "저는 그렇다 치고 저 친구는 어떻게 됩니까?" 하고 묻지요. 여기에서 예수님께서 아주 시니컬하게 대답하십니다. "요한이 영원히 죽지 않고 산다 한들 너하고 무슨 상관이냐?"

우리가 《바가바드기타》 같은 책을 읽을 때 항상 경계하고 조심해야 할 것이 있어요. 중심을 향해야 할 눈길을 자꾸 가장자리에 두는 겁니다. "이런 경우는 어떻습니까?" 그 경우라는 게 수만 가지 수천 가지거든요. 그 경우를 우리가 어떻게 다 알 수 있겠습니까? 이렇게 호기심이라는 놈이 자꾸 우리를 자극해서 눈을 다른 곳으로 돌리게 해요. 그러므로 이런 질문이 마음속에 생길 때마다 정신을 차려 그것들이 괜한 질문의 연속임을 알아차려야 해요. 누가 대답을 해도, 그것은 정답이 되지 않습니다. 내가

"아, 맞는 말이야" 하고 받아들이기 전에는, 세상에 그 누가 답을 해도 답이 안 돼요. 그래서 경전을 읽을 때마다 항상 조심해야 할 것은 중심을 놓치지 않는 것입니다.

여기 아르주나는 그가 끌고 온 모든 병사들의 대명사라고 할 수 있어요. 그의 운명과 병사들의 운명이 다른 게 아니란 말입니다. 모두 같은 길을 가야 한단 말이에요. 카우라바가에 속한 친구들도 아르주나의 '다르마'에 들어갈 수 있는 거예요. 신의 명령에 복종하는 삶은 누구도 제외시키지 않는단 말입니다.

궁금하신 게 많더라도, 다음 주에, 그때까지 우리가 살아 있으면 또 만날 테니까, 그때 계속하기로 합시다. 제가 이렇게 말이 많습니다만, 저는 알아요, 제가 얼마나 모자라고 얼마나 어리석은지. 여러분 머리로 여러분 스스로 생각하십시오. 그래서 각자 자기 길을 찾아 가세요. 저는 여기서 아무것도 드릴 것이 없습니다. 괜히 이 책을 번역한 인연으로 여기 이렇게 서 있는 거예요. 제가 말씀드리는 것이 결코 절대가 아니라는 것, 조금, 그저 조금 여러

분들이 《바가바드기타》를 읽는 데 혹시 도움이 된다면 고마운 일이고, 아니어도 할 수 없고, 그런 정도로만 봐주신다면 고맙겠습니다.

2강
아트만의 실상

이 책이 무슨 얘기를 하려는 것이냐? 그것이 나와 무슨 상관이 있나? 이걸 알았다면 책을 잘 읽은 것이라 할 수 있을 겁니다. 이 책에서는 '상키야'란 말과 '요가'란 말을 같이 쓰는데요, 상키야는 대체로 머리를 끄덕이면서 아는 지식을 뜻해요. 그런데 머리만 끄덕여서는 곤란하거든요. 간디 선생의 말을 인용하면, 머리로 아는 지식이 내려와서 가슴을 점령해야 한다는 겁니다. 가슴으로 아는 것과 머리로 아는 것이 같지 않은 건 아시지요? 머리로는 제 말을 알아들으시겠죠?(웃음) 지식이 느낌의 차원으로 내려가면 종류가 달라집니다.

제자가 아침에 일어나 스승을 뵙고 심사가 어떠시냐고 묻자, "내가 아침에 떠오르는 태양은 보았다만 서산으로 지는 해를 볼 수 있을지 모르겠다"고 답을 합니다. 그러자 제자가 "선생님, 그거야 선생님만 그러십니까? 다 그렇죠"라고 말하자 스승이, "그래, 모든 사람이 다 그렇지. 그러나 그걸 몸으로 느끼면서 사는 사람은 많지 않다"고 말했다고 합니다.

언제 죽음이 올지 모르고, 죽음은 항상 코앞에 있고, 다 알잖아요? 그런데 그걸 몸으로 느끼면서 산다면 어떨까요? 그러면 달라지지요. 둘 다 아는 거지만 머리로 아는 것과 가슴으로 아는 것은 질적으로 다른 겁니다.

좀 곁길로 나가긴 합니다만, 《바가바드기타》를 어차피 네 시간에 다 못 읽어요.(웃음) 어차피 안 될 걸 하는 거니깐 너무 본문에 매이지 맙시다. 머리로 아는 것과 가슴으로 아는 것이 다르다는 경험 많이 해 보셨죠? 머리로 아는 것도 중요해요. 그것도 모르는 사람이 있으니까요. 그런데 머리로 아는 것이 왜 중요하냐 하면 그것이 가슴으로 내려갈 수 있기 때문에 중요한 거예요. 같은 걸 자꾸만 생각하면 자기도 모르게 그것이 가슴으로 내려가게 돼 있어요. 그래서 가슴으로 느껴지는 것. 아하! 오늘이 마지막이구나, 오늘 내가 마지막으로 세상을 사는구나. 이렇게 느껴지면요, 밥 먹을 때, 사람 만날 때, 이야기할 때, 전부 달라져요. 여러분 그런 거 느껴 보셨지요? 저도 느껴 봤어요. 이게 마지막 만나는 것이라고 생각하면 어떻게 허투루 만나겠어요? 죽음을 앞둔 사람은 다 착해진다고 그러잖아요?

머리로 아는 지식이 내려가서 가슴을 점령하고 더 내려가면 어디로 갈까요? 손과 발로 가는 거예요. 그럼 어떻게 됩니까? 아는 대로 사는 거죠. 상키야는 머리로 아는 지식을 말하고, 요가는 머리로 아는 지식이 체화된 상태를 말하지요. 대개 요가 하면 몸을 구부리거나 좁은 상자에 들어가는 뭐 그런 걸 연상합니다만, 그런 요가는 많은 요가들 가운데 하나에 불과해요. 몸으로 지식을 체득하는 방법, 그것을 요가라고 합니다. 그래서 요가 하면 수련이란 말이 따라붙지요. 수련은 반복되는 연습이에요. 오랫동안 반복해서 쌓인 버릇을 '습'이라고 그러잖아요? 자꾸 하다 보면 몸에 배지요. 그래서 자기가 그 짓을 하는지도 모르고 하는 겁니다. 그런 걸 버릇이라고 그러잖아요? 의식하지 않으면서 그렇게 하는 거예요. 그렇게 될 때까지 자꾸만 되풀이해서 연습하는 그게 수련입니다.

그렇잖아요? 피아노 치는 것도 자꾸만 연습하잖습니까? 스트라빈스키라는 유명한 피아니스트, 세계 최고라고 하는 그런 피아니스트가 하루에 여섯 시간씩 연습했답니다. 그 정도 경지에 오르면 연습 안 해도 될 텐데, 어떻게 하루 여섯 시간씩 연습하느냐고 사람들이 묻자, 지금도 연습하면 실력이 느는 게 느껴진다고 했다더군요.

남한테 주는 것도 자꾸만 연습하면 나중에 어떻게 될까요? 그러면 왼손이 하는 걸 오른손이 모르게 되겠지요. 왼손이 하는 걸 오른손이 모르게 하라는 건 자기도 모르게 하라는 겁니다. 내가 누구에게 뭘 줬다는 의식이 없어요. 그냥 버릇으로 했기 때문에.

이제 《바가바드기타》 얘기로 돌아오면, 지난번에도 말씀드렸듯이 《바가바드기타》는 전쟁 마당에서 벌어지는 대서사시의 한 에피소드입니다. 그 안에 사건은 별로 없어요. 대부분이 아르주나와 그의 마부이자 스승인 크리슈나 사이의 대화예요. 게다가 아르주나의 말은 별로 없고 주로 크리슈나의 말씀입니다. 결국 이런 대화체의 형식을 빌려서 힌두교의 가르침을 잘 요약해 놓은 거지요. 그래서 이걸 경전으로 인정하나 봅니다. 그래도 얘기가 어떻게 시작됐는지를 봐야겠으니, 반복됩니다만 한번 짚어 보도록 하지요.

아르주나가 전장에 서서 보니까 자기가 죽여야 할 상대가 형제, 사촌, 친척, 선생 등 피붙이거든요. 그래서 회의에 빠져 들고 활과 화살을 땅에 던져 버리고 자기는 안 싸우겠다고 합니다. 그런데 그의 마부이자 스승인 크리슈나는 싸워야 한다는 거예요. 그러면서 그 이유를 설명합니다. 네가 지금 전쟁을 하지 않겠다는 것은 착각과 집착에 의한 것이라고. 그게 왜 착각이고 왜 집착인지를 설명하면서 제2장으로 넘어갑니다.

간디 선생의 말을 빌면 2장이 전부다, 사실은 2장에서 끝난 거다, 이렇게 얘기할 정도로 중요한 게 2장입니다. 특히 2장 후반부의 내용은 《바가바드기타》 전체의 내용을 요약해 놓은 것이라고 볼 수 있어요. 그래서 오늘은 2장의 내용을 가지고 얘기하려고 합니다.

　네가 전쟁을 꺼리고 상대를 죽여야 한다는 사실에 대해서 슬퍼하는데, 그런 너의 슬픔과 생각이 터무니없는 것이라는 말로 2장은 시작됩니다. 지금 슬퍼할 이유가 하나도 없는데 슬퍼한다는 거예요. 왜냐하면, 너는 지금 누굴 죽인다고 생각하는데 죽음이란 없는 것이다! 하! 이거 참 듣기 어려운 얘기를 하네요. 네가 누굴 죽인다고 생각하는데 죽일 수 있는 힘을 가진 자도 없고 죽는 상대도 없는 것이다, 생명을 가진 것의 죽음이라고 하는 것은 하나의 개념이고 하나의 말일 뿐이지 진정한 죽음이란 없는 것이다, 그렇기 때문에 너는 슬퍼할 이유가 하나도 없는 걸 가지고 슬퍼하고 있다, 시방 이렇게 말하는 거예요.

　우리는 여기서 인간의 생사에 대한 힌두교의 개념을 확인합니다. 진정한 삶이란 무엇이냐? 그것은 나지도 않고 죽지도 않는 것이다. 나지 않으니까 죽지도 않지요. 그걸 산스크리트어로 '아트만'이라고 합니다. 우리 모두는 자기 안에 아트만을 모시고 사는 존재라고 할까요? 아트만은 태어난 적도 없고 죽지도 않는 그런 존재라는 겁니다. 죽일 수 없는 걸 죽인다고 하니까 터무니없는 생각이지요.

558쪽*을 봐 주세요. 아르주나는 전쟁에서 형제들을 죽이느니 차라리 패배하는 게 낫다고, 절대로 형제들을 죽일 수 없다고 합니다. 이에 대해 크리슈나가 말합니다.

> 슬퍼할 것 없는 자들을 위해 슬퍼하는도다. 지혜로운 사람은 산 것들을 위해서도 죽은 것들을 위해서도 슬퍼하지 않느니라. – 2장 11절**

왜냐하면 지혜로운 사람은 아트만의 존재를 알거든요.

---

*《바가바드기타》(간디 해설, 이현주 옮김, 당대)의 쪽수를 의미.
**원전《바가바드기타》의 장, 절을 의미.

태어나지도 않고 죽지도 않는 존재를 아는 사람은 지혜로운 사람이요. 그러니 산 것이나 죽은 것을 위해 슬퍼할 이유가 없다는 겁니다.

> 내가 존재하지 않았던 때란 없으며, 사람을 다스리는 자들도 그들이 존재하지 않았던 때가 없느니라.
> – 2장 12절

여기서 '나'는 크리슈나 본인을 얘기하는 거라고 볼 수 있겠습니다. 모든 사람 안에 있는 참된 자아라고 할까요? '진아(眞我)'라는 말을 쓰기도 하지요. '진아'란 말이 암시하는 게 뭘까요? 진짜 나가 있으니, 가짜 나도 있다는 말이겠지요. 여기 앉아 계신 여러분들 각자 자기 몸을 만져 보십시오. 지금까지 이렇게 만져지는 것이 나라고 생각하고 사셨지요? 그래서 누가 자기 몸에 상처를 입히면 내가 상처 입었다고 말합니다. 내 몸이 상처를 입었다고 말하는 사람은 거의 없어요. 뺨을 맞으면 왜 내 뺨을 때리느냐고, 이렇게 말하지 않습니다. 대뜸 왜 나를 때리느냐고, 그러지요. 그렇게 자기 몸과 자기를 동일시하는 거예요.

그런데 이 몸이 납니까? 나죠, 너는 아니니까. 그러나 나의 모든 것은 아닙니다. 이게 나의 모든 것입니까? 몸이 없어지면 내가 없어지는 건가요? 어쨌거나 많은 사람이, 만져지고 경험되는 이것을 나라고 생각해요. '진아'라고 하는 것을 이 몸과 떼어 놓을 순 없지만 이 몸이 곧 나는 아닌 겁니다. 그러니까 이런 네가 내 몸은 죽여도 나를 죽이는 것이 아니라는 이상한 얘기를 하는 거예요.

어제 영화 〈간디〉를 비디오로 한 번 더 봤는데요. 참 좋은 영화지요. 영국에 저항하여 시위하는 대목에 이런 대사가 나옵니다. "그들은 나를 감옥에 넣고 심하면 죽일 수도 있다. 그들은 내 시체를 가질 수 있다. 그러나 내 마음과 정신은 가질 수 없다. 그들이 나를 지배하도록 허락하지 않는 한 그들은 나를 지배할 수 없다." 여기 '나'가 바로 '진아'예요. 현상으로서의 나가 아닌 이것을 존재하게 하는 '나', 그걸 아트만이라고 하는 거지요.

유대인들과 논쟁하면서 예수님도 비슷한 말씀을 하시더군요. "나는 아브라함보다 먼저 있다." 유대인들은 못 알아듣지요. 당신 나이가 오십도 안 되는데 어떻게 그럴 수 있느냐고. 예수님의 "나는 아브라함보다 먼저 있다"는 그 '나'가 바로 '진아'라고 하겠습니다. 언제 시작해서 언제 끝나는지 알 수 없는 나!

그다음 줄을 보세요.

바로 이 몸에서, 몸을 입은 이(영혼)가 소년기, 청년기, 노년기를 거치듯이 그렇게 또 다른 몸으로 들어가거니와, 그런 까닭에 바탕이 굳은 자는 슬퍼하지 않느니라. – 2장 13절

사람은 몸과 영혼으로 되어 있다, 이렇게들 얘기하지요. 그런데 그 둘은 분리되어 있지 않습니다. 컵에 물을 담으면 컵과 물이 하나잖아요? 그래도 물은 물이고 컵은

컵이지요. 어떤 사람이 물 담은 컵한테 네가 누구냐고 물으면 "나는 물을 담은 컵"이라고 대답할 수도 있지만 "컵에 담겨 있는 물"이라고 대답할 수도 있는 거예요.

"나는 영을 속에 담은 몸이다" 이렇게 대답할 수도 있지만 "나는 몸을 입은 영이다" 이렇게 대답할 수도 있지요. 둘 다 틀린 대답은 아니지만 어느 것이 더 본질적인 대답일까요? 어느 것이 진정한 자기를 아는 자의 대답이겠느냐 말입니다.

몸은 죽을 수 있지만 영혼은 그렇지 않다는 거예요. 몸이 유아기, 청년기, 장년기를 거치듯이 영은 죽음을 통해 또 다른 몸으로 들어간다는 겁니다.

예수님도 이렇게 말씀하셨지요. "내가 가면 너희 있을 곳을 마련하겠다." 예수님은 죽음이 끝이라는 암시조차도 주지 않으십니다. 육체가 죽는다고 해서 인간이 사라지는 건 아니에요. 다른 몸으로 들어가는 겁니다. 그러니 슬퍼할 이유가 없지요.

시간이란 물질계에 사는 우리들에게만 있는 거예요. 시간과 공간이란 실제로 존재하는 무엇이 아니라, 우리가 생각으로 만들어 놓은 구조물입니다. 아인슈타인의 말에 의하면 '멘탈 컨스트럭션(mental construction)', 정신으로 만들어 놓은 구조물이에요.

죽은 사람 늙는 거 봤어요? 죽은 사람은 늙지 않습니다. 죽은 사람한테는 시간이란 게 없다는 얘기지요. 예수님이 하늘로 올라가셨다는 얘기를 전 그런 식으로 이해합니다. 예수님이 하늘에 계시다는 건 시간과 공간의 제약으로부터 벗어나셨다, 시공을 초월한 존재가 됐다는 뜻이지요. 어디에나 있고 언제나 있는 그런 존재라는 말입니다. 전 그렇게 믿어요. 그렇지 않다면, "세상 끝 날까지 너희와 함께 있겠다"는 그분의 약속이 어떻게 되는 겁니까? 시공을 초월한 분이기에 오늘 서울 명동에 그분이 현존하신단 말이지요. 지금 예수님이 이 자리에 우리와 함께 계신다고요. 여러분 눈에는 안 보이시나요? 전 보여요.(웃음) 그게 머리로만 끄덕이는 게 아니라 가슴으로 느껴지니까 당연히 삶이 달라질 수밖에 없는 거지요.

다음을 읽어 볼까요?

오, 카운테야(아르주나의 이름)여.
감각이 대상에 닿으매 거기서 차가움과 뜨거움, 즐거움과 괴로움이 오고 가며 잠깐 머무느니라. 그것들을 참아 견디어라. 오, 바라타여. – 2장 14절

오, 지극히 고상한 사람이여. 이런 것들로 말미암아 어지럽거나 흔들리지 않는 어진 사람, 그 사람만이 영생불멸에 이를 수 있느니라. – 2장 15절

어떤 상을 보거나 만지거나 소리를 듣는 것을 감각이라고 하는데, 사람에게는 다섯 가지 감각이 있다고 하지요. 시각, 후각, 청각, 미각, 촉각. 이 다섯 가지 감각에 이어 생각이 따라오는 겁니다. 여기에서 아르주나가 슬퍼하는 이유는 이런 감각에 사로잡혀 있기 때문이라는 거예요.

그러니까 영생하는 사람이란 어떤 대상을 향해서 느끼는 감정에 붙잡히지 않는 사람, 다시 말해 자기감정을 제어할 수 있는 사람입니다. 간디 선생은 이 구절을 해석하면서, 감정을 다스릴 수 있는 사람이라고 부연 설명하고 있어요. 어떤 감정이 일어날 때 그 감정에 흔들리지 않는 사람, 자기의 감정이지만 그 감정에 예속되지 않는 그런 사람이 영생불멸에 이를 수 있다는 거예요.

원불교 소태산 대종사께서는 부처와 보살과 중생이 어떻게 다른지를 이렇게 설명하시더군요. "중생은 희로애락에 끌려서 마음을 씀으로 이로 인하여 자신이나 남이나 해를 많이 보고, 보살은 희로애락을 초월하여 마음을 씀으로 이로 인하여 자신이나 남이나 해를 보지 아니하며, 부처는 희로애락을 노복같이 부려 씀으로 이로 인하여 자신이나 남이나 이익을 많이 보느니라." 자기의 감정에 부림을 당하는 중생은 화가 나면 물불을 못 가리지요. 그래서 자기와 남을 해치는 겁니다. 하지만 보살은 감정을 내되 그 감정으로부터 초연해요. 그래서 화가 나면 화를 내지만 감정이 시키는 대로 하지 않기 때문에 사람들에게 해를 입히지 않는 겁니다. 그런데 부처는 감정을 종처럼 마음대로 부리지요. 그래서 모든 사람에게 이익을 준다는 거예요.

　대강 두 가지로 나눠 얘기하자면, 보통 사람이 화가 나면 물불을 안 가린다고 하잖아요? 그게 뭐냐 하면 제 감정에 놀아나는 거지요. 머리로는 이러면 안 되는지 알면서도 그렇게 하거든요. 내가 이런 얘기하면 그 사람이 화를 내고 문제가 악화될 것이 뻔하지만 도저히 못 참겠어, 이러잖아요? 그래서 여러분 속 시원하게 한마디 하니까 과연 뒤끝이 시원합니까?(웃음) 상대방이 순순히 수긍하던가요? 저는 한 번도 그런 경우 못 겪었어요.

　자, 조금 넘어가서 559쪽을 볼까요? 아트만을 아는 자들은 비통에 빠지지 않는다는 얘기가 나옵니다.

　　(아트만은) 감각으로도 잡을 수 없고 마음으로도 잡

을 수 없도다. – 2장 25절

여기서 마음은 마인드(mind)인데 생각, 논리로 이해하는 게 좋겠습니다. 마인드란 머리로 생각하는 마음을 얘기한다고 봐요.

이것을 일컬어 불변한다고 하느니, 그런즉 이러한 그것을 안다면 그대는 비탄에 빠지지 않으리.
– 2장 25절

감각에 잡히지도 않고 생각으로 파악되지도 않는 아트만, 그것을 아는 사람은 비통에 빠지지 않는다!

이것(아트만)이 다시 태어나고 다시 죽고 다시 태어나고 다시 죽는다고 생각한다면, 오, 마하바후여, 그대는 슬퍼해서는 안 되느니라. – 2장 26절

앞에서 아트만은 태어나지도 않고 죽지도 않는다고 했는데, 이 말을 바꾸면 낳고 죽고를 끊임없이 반복한다는 것이니까 결국 안 죽는다는 얘기 아니겠어요? 지금 죽는 것이 죽는 게 아니라 태어나는 거란 말입니다. 어떤 사람이 죽었어요. 그때 죽음을 모든 것의 끝이라고 생각하는 사람은 슬프겠지만 또 다른 생의 시작이라고 본다면 기뻐하겠지요. 기뻐하며 축하하겠지요. 힘들고 지겨운 세상 이로써 마감하고 어디 한번 새로운 세상 살아 보자고, 그렇게 생각할 수도 있는 거예요. 이걸 그냥 그러려니 하고 머리로 생각만 하니까 힘이 없어. 정말 그게 몸으로 느껴진다면, 장자처럼 자기 마누라 초상 날 춤추는 거지요.

월남전이 치열할 때 어느 외국 잡지에서 봤는데요, 미군들이 철모에 이런 글을 써 놓았더군요. "내가 죽으면 천당에 갈 것이다." 그게 그러니까 천당 말고는 갈 곳이 없다는 그런 어조인 거예요. 내가 갈 곳은 천당밖에 없다, 내가 죽으면 반드시 천당으로 간다. 그런 얘기입니다. 그러고는 이어서, "왜냐하면 지금 내가 지옥에 있기 때문

75

에."(웃음) 다른 어디라도 여기보단 좋다는 얘깁니다. 재미있지요? 정말 그렇게 안다면 누가 죽었을 때, 잘 됐다, 축하한다, 이렇게 얘기할 수 있지 않겠어요?

교회에서 사람이 죽으면 다들 그러잖아요? 하느님 품에 안겼다고. 그런데 왜 울지요? 하느님의 자비로운 품에 안겼다면서 서럽게들 운단 말입니다. 어폐가 있잖아요? 험한 군대 생활 마치고 제대하려고 하는데, 이제 고향 집으로 가게 됐어, 그러면서 슬프게 운단 말이에요. 우리가 지금 그러고 있어. 머리로 아는 지식이 아직 가슴을 점령하지 못했다는 얘기지요. 머리로 아는 지식이 가슴을 점령해서 온몸으로 알면 죽음이 전혀 다른 것으로 보인다는 그런 얘기올시다.

보세요, 그다음 줄.

태어난 것은 반드시 죽고 죽는 것은 반드시 태어나느니, 그러므로 피할 수 없는 것을 뉘우쳐서는 안 되

느니라. - 2장 27절

　죽음이란 피할 수 없는 것, 그걸 왜 피하려고 하느냐? 너는 지금 네 형제를 죽이는 전쟁, 그것에 대하여 절망하는데 그것은 핑계다. 너에게 신이 내려 준 거룩한 임무를 포기하게 하려는 간교한 속임수다. 이런 말입니다. 우리 모두에게는 신이 내린 거룩한 임무가 있다는 거예요. 그리고 그 임무가 어떤 때는 사람을 죽이라는 것일 수도 있다는 겁니다. 그것을 지금 아르주나가 피하려고 하는 거예요. 그때 크리슈나가 그것은 잘못이다, 너는 지금 전쟁에서 싸워야 한다고 얘기하는 겁니다. 이 전쟁은 신이 너에게 준 거룩한 임무이기에 반드시 해야 한다는 거예요.

　힌두교의 기본 가르침이, 모든 사람에게 신이 부여한 임무가 있다는 것입니다. 그 임무를 잘 알아서 완수하는 것이 사람의 존재 이유가 되는 거지요. 그런데 이런저런 핑계로, 오해로, 착각으로 말미암아 신이 내린 임무를 망각하고 엉뚱한 짓을 한다는 거예요.

여기 본문에 '야즈나'란 단어가 많이 쓰이는데 신에게 바치는 제사란 뜻입니다. 바울로 성인의 말대로, 내 삶이 신에게 바쳐지는 거룩한 제사가 되게 해 달라고 그러잖아요? 힌두교식으로 하면 모든 것이 신에게 바쳐지는 야즈나가 되게 하라는 말이지요. 이것이 우리가 사람으로 태어나서 살아가는 유일한 목적이라는 겁니다.

그러면 이제 어떻게 하느님이 주신 진정한 내 임무를 찾고 그것을 제대로 감당할 수 있겠느냐는 과제가 등장하겠지요. 어떻게 보면 한 평생 그 임무를 찾아가는 것이 우리 인생일 수 있겠다는 생각이 들어요. 죽을 때까지 모르고 살다 가는 사람도 있겠지요. 어쩌면 그 사람은 마지막에 이것 하나 배우고 오라는 그런 사명을 띠고 세상에 왔는지 몰라요. 사실 꽤 많은 사람이 그건 잘 배우고 가는 것 같아요. 뭐냐 하면, 허무예요. 아, 이게 허무라는 거로구나! 이걸 막판에 크게 깨닫고 가는 영혼들이 제법 많은 것 같아요.(웃음)

다음 줄로 넘어갑니다.

> 모든 존재의 태어나기 전 상태는 명백하지 않고, 중
> 간상태는 명백하고, 죽은 뒤의 상태는 다시 명백하
> 지 않느니라. 오, 바라타여, 슬퍼하며 울 까닭이 무
> 엇이랴? – 2장 28절

세상에 오기 전에 어떤 상태에 있었는지 지금 우리가
잘 모르잖아요? 그렇죠? 기억납니까? 어머니 뱃속에서
나온 날 기억하세요? 태어나는 날? 잘 기억해 보세요. 기
억날 수 있어요. 나는 그날 굉장히 추운 날인데 여기 정수
리가 서늘해져요. 갑자기.(웃음) 깜깜한 데서 나왔는데 그
리고 아주 부드러운 곳에 있었는데 갑자기 환해지면서 까
칠한 데 누워 있는 거예요. 그래서 울었지요.(웃음) 이런
새빨간 거짓말을 하면 사람들이 즐거워하지요. 왜냐하면
거짓말인 줄 아니까. 아무리 들어도 정말인 것처럼 얘기
하는 거짓말, 그게 진짜 고약한 거짓말이에요. 어쨌든 우

리가 기억을 못해서 그렇지 거슬러 올라가면 우리가 태어나기 전이 있을 것 아닙니까? 그러니까 모든 존재의 태어나기 전 상태는 뚜렷하지 않은 겁니다. 하지만 중간상태는, 지금 우리가 살고 있는 이 상태는 명백하지요.

"죽은 뒤의 상태는 다시 명백하지 않느니라."

왜? 지금 우리가 여기 있으니까. 죽은 뒤에는 오히려 여기 상태가 명백하지 않을지도 모르지요.

> 모든 존재의 몸 안에서 몸을 입은 이것은 그 어떤 상처도 입지 않나니. 오, 바라타여 그러한즉 그대는 그 누구를 위해서도 슬퍼해서는 안 되느니라.
> – 2장 30절

> 다시, 그대가 피할 수 없는 그대의 임무를 보아라. 크샤트리아에게는 정의로운 전쟁보다 더 높은 선(善)이 없느니라. – 2장 31절

정의로운 전쟁을 하는 것이, 크샤트리아[武士]인 너에게 신이 내린 가장 선한 임무다. 그걸 왜 피하려고 하느냐? 그걸 피하려는 핑계가 꽤 근사하다만 대체로 근사한 얘기가 사람 잡는다, 거기에 속지 마라, 그것이 네가 네 임무를 포기할 이유는 되지 못한다, 이런 얘기예요. 어째서 그런가? 간디 선생에 의하면, 그 이유는 한 가지밖에 없습니다. 이번 전쟁은 아르주나가 일으킨 전쟁이 아니에요. 저쪽 형제들이 쳐들어와서 벌어진 전쟁이고 그러니까 정의로운 전쟁이란 말입니다. 그러므로 네가 이 전쟁을 포기하면 그것은 하느님이 준 거룩한 임무를 포기하는 것이다, 따라서 당연히 일어나 적과 싸워야 한다, 이런 얘기를 하는 겁니다.

요약하면, 모든 사람 내면에서 하느님의 법에 순종하는 다르마의 삶과 자기 욕구대로 살아가려는 아다르마의 삶, 이 둘이 전쟁을 일으키는데 그것은 피해서 되는 전쟁이 아니라 감당해야 할 거룩한 전쟁이라는 그런 얘기를 시방 하는 거예요.

【질문】간디의 논리에 따르면 미군이 아프간에 일으킨 전쟁은 거룩한 전쟁입니까?

재미있는 질문이네요. 지구상에 일어나는 모든 전쟁이 '정의로운 전쟁'이지요. 세상에 우리는 불의한 군대다, 하고 선전하며 전쟁하는 것 보셨어요? 모두들 나름대로 정의와 평화를 위해서 전쟁을 하지요. 일본이 전쟁을 일으켰을 때에도 동아시아가 크게 함께 영화를 누리는 세상을 만들겠다는 깃발을 내걸었잖아요? 정의롭다는 게 저마다 제 눈에 안경이거든요. 그렇다면 저도 제 눈에 보이는 대로 말씀드릴 수밖에 없는데요, 제가 보기에 아프간 전쟁은 아무리 봐도 정의롭지가 않네요. 정의로운 전쟁이라고 볼 수가 없어요. 간디 선생께서는 테러리스트 집단도 정의롭지 못하지만 미국도 정의롭지 못하다고 하실 것 같은데 질문하신 분은 어떻게 생각하세요?

【질문】부시 대신 앨 고어가 대통령이 됐다면 상황이 달라졌을까요?

그건 모르겠네요. 그런데 이런 질문은 재미있기는 한데 우리들의 삶을 위해서는 별로 유익할 게 없는 질문입니다. 그때 이랬으면 어떻게 됐을까? 이런 질문을 우리가 많이 하는데요, 심심할 때 시간은 잘 갈지 모르나, 오늘을 살아야 하는 우리들의 삶에 별반 도움은 안 되지요.

【질문】왜 이런 훌륭한 얘기를 전쟁에 비유했을까요?

옛날 신화나 전설을 보면 전쟁 얘기가 빠진 경우가 별로 없어요. 성경에도 특히 구약에 전쟁 얘기가 많지 않습니까? 어쩌면 전쟁이란 인류 역사에 하루도 빠지지 않고 일어난 사건일 수도 있고요. 게다가 우리 내면에서도 끊임없이 전쟁이 일어나고 있잖아요? 아마도 그래서겠지요.

【질문】말씀을 듣다 보니 요나가 생각납니다. 하느님의 명령을 피하려고 하는 나는 요나가 아닌가 하고 저 자신에게 질문을 던져 봅니다. 이렇게 생각하는 게 제대로 얘기를 듣고 있는 건가요?

　얘기를 〈요나서〉에 연결시켜 본다는 게 참 재미있는 착상 같군요. 요나는 신이 자기에게 부여한 임무를 피해 도망가려고 하지요. 어쩌면 우리 모두에게 그런 성향이 있는 것 같아요. 지난 시간에도 말씀드렸습니다만, 기도할 때는 "아버지 뜻이 저를 통해 이루어지길 바랍니다" 이렇게 해 놓고는 막상 그분이 뭘 좀 해 보려고 하시면 제멋대로 판단하고 거기에 논리적 이유를 붙여 가면서 "그건 아니올시다"로 나간단 말입니다.(웃음) 아르주나와 요나와 나를 삼각으로 일치시켜 보려는 마음이라고 생각되는데요, 그런 마음으로 책을 읽는 건 참 좋은 태도라고 봅니다. 그러니까 제대로 듣고 있는 거냐고 물으셨는데 제대로 듣고 있는 거라고 말씀드리고 싶네요.

【질문】 힌두 사상에서 말하는 진아(眞我) 개념과 불교에서 말하는 진아 개념이 다르다는 말을 들었는데 목사님 말씀을 듣고 싶습니다.

그건 제가 대답을 못하겠는데요? 진아를 설명하는 말은 많이 듣는데, 그것을 여러분께 설명드릴 수 있을 만한 실력이 저에겐 없어요. 불교에서 어떻게 설명하는지 힌두교에서 어떻게 설명하는지 또 다른 철학에서는 어떻게 설명하는지 그것은 제가 따로 공부하지 않아서 아는 게 없습니다. 정말 몰라요. 다만 이렇게는 말씀드릴 수 있겠네요. 여러분이 시방 보고 듣고 경험하는 이 물건(몸을 가리키며), 이건 진짜 제가 아닙니다. 이 물건이 제가 아니라는 건 제가 알아요. 지금까지 이게 진짜 나라는 생각에 속아 왔는데 더 이상은 속고 싶지 않아요. 그럼 진짜 네가 누구냐고 물으시면 그것은 설명 못합니다. 미안하지만 불교나 힌두교가 진아를 어떻게 설명하는지 잘 모르겠습니다.

【질문】불교 학회에서 어느 교수님이 불교와 힌두교의 연관성에 대해 논문을 발표하셨는데, 힌두교의 개념이 기독교인인 제게는 쉽게 이해가 되더라고요. 진아 개념과 아트만 개념을 설명하시는데, 청중 가운데 한 분이 반박을 하면서, 그것은 불교적인 개념이 아니라 기독교적으로 왜곡된 공(空) 개념의 해석이지 실은 그렇지 않다고 단박에 자르시는 것을 보면서 어떤 차이점을 느꼈습니다.

그게 그래요. 다르다고 보는 사람에게는 달라요. 같다고 보는 사람에게는 같고요. 그 사람이 다르게 보는 것이지요. 대상은 그것을 제가 어떤 생각으로 보느냐에 따라서 달리 보이게 마련이거든요. 불교와 기독교는 다른 것이라는 생각이 있잖아요? 그 생각으로 보면 다른 거예요. 아니, 다르게 보이는 거예요. 어떤 사람이 저를 보고 이 아무개 저 사람 교만 방자한 사람이라고 충분히 그렇게 말할 수 있어요. 그것을 제가 어떻게 할 수 없는 거예요. 그 사람이 그렇게 보는 건데, 제가 무슨 수로 그 견해를 막느냐 말입니다. 그것은 예수님도 못 하신 일입니다. 아니, 안 하신 일이지요. 그것을 제가 어떻게 합니까? 그러니까 다르게 보겠다는 마음으로 보면 안 다를 수 없고, 그분의 견해를 막을 수 있는 사람은 없다고 봐요. 그 자리에서 그분의 주장을 누구도 막을 수 없었을 거예요. 물론, 같다고 보면 같은 거예요.

제가 《공존》이라는 개인잡지를 낸 적이 있어요. 유신 정권 아래에서 한참 치열하게 민주화 투쟁을 하던 시절입니다. 《공존》이라는 잡지 제목을 보시고 당시 민주화 운동을 이끄시던 분이, "공존? 박정희와 공존한단 말인가?" 그러면서 빛과 어둠이 어떻게 공존할 수 있느냐고, 그러시더군요. 맞는 말씀이지요. 빛과 어둠이 공존합니까? 빛을 밝히면 어둠은 없어지잖아요? 그래서 한마디도 못하고 문을 나서면서 속으로만, 갈릴레이처럼, "그럼 빛과 어둠이 공존하지 않습니까?" 하고 중얼거렸지요.(웃음) 보세요, 지금 여기는 밤이지만 칠레는 낮이잖아요? 저렇게 밤과 낮이 공존하잖아요? 한다고 보면 하는 것이고, 안 한다고 보면 안 하는 것입니다.

자기가 어떤 쪽으로 보고 싶은가는 자기 마음이겠지요. 다르게도 볼 수 있고, 같게도 볼 수 있고. 저는 둘 다 인정해야 한다고 봅니다. 어느 하나를 무시하는 것은 진리와 거리가 있어요. '같다'와 '다르다'를 한 입으로 동시에 말할 수 있으면 참 좋겠습니다만 불행하게도 입이 하나라서 "같다. 그런데 다르다" 이렇게 따로 말할 수밖에 없지요. 《금강경》의 문법이 그래요. 무엇을 인정하고 곧장 부정하는 거예요. "이렇다" 하고 말하면 바로 이어서 "아니다"라고 하지요.

【질문】 미래가 현재에 중첩되어 있다는 말을 설명해 주십시오. 이해가 잘 안 됩니다.

아마 머리로는 끝내 이해가 안 될 거예요. 그래도 한번 생각해 봅시다. 강에는 상류가 있고 중류가 있고 하류가 있지요. 중류를 현재로 보면 상류는 과거, 하류는 미래로 볼 수 있잖아요? 이렇게 시간이 선형(線形)으로 흐른다고 보는 것이 보통의 시간 개념이에요. 그런데 중류 속에 들어가서 상류를 보고 하류를 본다고 합시다. 그러면 어떻게 보일까요? 내가 물속에 들어가서 물을 관통하여 앞뒤를 본다면, 그런다면 미래와 과거가 함께 있는 것이지요. 과거란 개념으로만 있는 것이지 실제로 존재하는 것이 아닙니다. 우리 기억 속에 있는 거예요. 미래도 마찬가지올시다. 그것도 관념이지요. 존재하는 것은 오직 지금 여기뿐이에요. 미래도 과거도 지금 여기에 있는 겁니다.

아직은 알아듣기 어렵더라도 앞서 가신 믿을 만한 선배들의 말씀은 자꾸 들어 보는 게 좋아요. 처음부터 베토벤 음악의 깊이를 아는 사람이 있나요? 사람에 따라 차이는 있겠지만, 베토벤 음악의 철학과 깊이를 알려면, 다른 수가 없어요. 자꾸 들어 봐야 합니다. 과거와 미래가 현재에 수렴되었다는 말도 자꾸만 곱씹고, 기회만 있으면 생각해 보고, 그러다 보면 아, 그게 그렇구나, 그래서 지금 이 순간을 사는 것이 곧 영생을 사는 것이라고들 하는구나 하고, 관념이 아니라 체험으로 알 수 있지 않겠어요?

【질문】신의 뜻에 따라서 산다는 게 어떻게 사는 겁니까?

　아르주나가 크리슈나에게, 신의 뜻에 부합하는 행동을 하는 사람은 어떤 모습이냐고 묻지요. 크리슈나의 대답인 즉, 그 사람에게 중요한 것은 행위지 행위의 결과가 아니랍니다. 행위만 있고 행위의 열매는 그에게 없다는 거예요. 우리가 왜 하느님이 요구하는 행위를 할 수 없는가 하면, 행위의 열매에 대한 기대가 있어서 그것이 중간에 작용하기 때문이라는 겁니다. 그래서 카르마(karma)에 대한 비카르마(vikarma)를 말하지요. 비카르마를 우리말로 어떻게 옮겨야 할는지 잘 모르겠는데, 의미는 ‘초연한 행위’라고 보면 됩니다. 달리 말하면 ‘열매에 대한 기대 없이 행동하는 것’이지요. 반대로 카르마는 어떤 의도와 목표를 가지고 하는 행위입니다. 사람이 뜻을 품고서 움직이고 생각하고 말하면 그게 모두 카르마인 거예요.

보통 우리는 내가 이렇게 하면 어떤 결과가 있지 않겠는가 하고 생각하면서 행동을 하지요. 내가 성당에서 청소를 합니다. 청소를 하는데 어떤 마음으로 합니까? 대개 성당에서 봉사하면 하느님께서 나를 귀엽게 보시고 복을 주시겠지, 그런 마음으로 하지 않나요? 그게 카르마예요. 그래서 그런 마음으로 청소를 하자니, 내가 청소하는 걸 수녀님이나 신부님이 보셔야 할 텐데, 하는 겁니다.(웃음) 한 걸음 더 나아가, 나는 이렇게 일하는데 김 데레사 그 여자 한 번도 청소하는 것 못 봤어, 이러지요. 이게 바로 카르마예요. 우리가 다들 그러잖아요? 그래서 좋은 일을 하다가도 맥이 쑥 빠진단 말이지요. 재미가 없는 거예요. 왜냐하면 기대한 대로 되지 않거든요. 그래서 바울로 성인이 말하기를, "선을 행하는 자여! 낙심하지 말라!" 하시지요. 선을 행하는 자가 왜 낙심합니까? 선을 행해도 아무 결과가 없으니까 낙심하는 거예요. 아무래도 잘못 생각한 것 같다, 애써 봤자 생기는 것도 없고, 괜히 나만 수고스럽고…… 바로 이 마음을 떠나는 것, 거기에서 벗어나는 것이 비카르마(vikarma)입니다. 이 산스크리트어를 우리말로 어떻게 번역해야 할는지 모르겠어요. 일단 저는 '초연한 행위'라고 옮겨 봅니다만, 결과를 기대하는 마음이 없는 행위를 뜻합니다. 제가 성당에서 열심히 청소를 해요. 그런데 그것으로 무얼 얻겠다는, 인정받겠다는 그런 마음이 없는 거예요. 자기 행위에 대한 보상을 기대하지 않는 겁니다. 내가 선생으로서 이렇게 열심히 아이들을 가르치면 아이들의 성적이 올라야 한다는 기대로부터 벗어나는 거예요. 다만 가르친다는 행위 자체로 만족하는 겁니다. 내가 이렇게 행동할 수 있는 것만 해도 충분히 고맙다! 더 바랄 게 없다! 우리가 이 정도 차원에서만 움직여도 참 자유로울 것 같아요. 상상해 보세요. 누가 알아주지 않아도 전혀 기분이 나쁘거나 섭섭하지 않다면 그 사람 굉장히 자유로운 사람입니다.

이렇게 결과로부터 초연한 행동(비카르마)을 하다 보면

마침내 '무위(아카르마)'의 경지에 이른다는 것입니다. 행위 자체가 없는 거예요. 불교식이나 힌두교식으로 표현하자면 카르마의 사슬에서 벗어나는 것입니다. 노자는 위무위(爲無爲)라고 하지요. 하는데 함이 없는 거예요. 우리는 살면서 수없이 눈을 깜빡거리지요. 그게 카르마도 되고, 아카르마도 되는 겁니다. 바람이 불어와 깜빡일 때, 이때는 아카르마지요. 내가 하는 줄도 모르고 하니까요. 그런데 저기 마음에 드는 여자가 있어서 눈을 깜빡거리면, 그것은 카르마지요.(웃음)

카르마를 하니까 이른바 '카르마 사슬의 법칙'에 의해서, 불교식으로 말해, 윤회의 굴레를 벗어나지 못하는 거예요. 그러나 아카르마의 경지에 들어간 사람에게는 카르마의 사슬이 없지요. 인과법칙에 매이지 않는 겁니다.

이런 경지에 도달하면, 자기가 분명히 일을 했으면서도 내가 뭘 했다는 그런 의식이 없는 겁니다. 굳이 말하라면, 내가 아니라 하느님께서 그렇게 하셨다고, 그렇게는 말할 수 있겠지요. 머리로 하는 의식의 차원에서는 저도 그렇게 말할 수 있어요. 내가 무엇을 하는 게 아니라 그분이 나를 통해서 하시는 것이다, 이렇게 말하고 싶어요. 아니 그러려고 애를 쓸 것입니다. 하지만 까마득하지요. 이런 생각을 한다는 사실 자체가 아직 멀었다는 증거입니다. 진정 아카르마의 경지에 도달하면 그런 생각을 할 수가 없어요. 그냥 사는 거예요. 그냥 사는데 누가 와서 "이것은 당신의 공이요, 당신 참 훌륭한 일을 했소"라고 말할 경우, "무슨 말이요. 나는 아무것도 하지 않았소" 이러면 역시 아직 멀었어요. 이렇게 말하는 것은, 이웃집 할머니가 뭘 가져다드리면 "아이, 뭐 이런 것을 다 가져오고 그래?" 하는 것과 비슷하지요.(웃음) 정말로 아카르마의 경지에 도달하면 그 말이 무슨 말인지 못 알아들을 거예요.

우리가 평상시에 하루하루를 살아가는 것이 얼마나 중요한 일입니까? 건강할 때, 아직 죽음이 멀었다고 착각할 때, 잘 죽는 법을 연습하는 것도 필요하다고 봅니다. 죽을 때 어떻게 죽느냐는 평상시에 어떻게 사느냐와 연결된 문제겠지요. 물에 떠내려가는 사람을 보고 아무나 물에 뛰어들 수 있는 게 아니에요. 저는 못 뛰어들어요, 발이 땅에 딱 달라붙어서. 평소 물에서 많은 연습을 한 구조 대원이라면 그 순간 지체 없이 물에 뛰어들 수 있겠지요. 그렇습니다. 인생 자체가 연습이라는 말도 있지요. 제가 죽는 날까지 연습만 하다 죽어도 좋습니다. 문제는 무얼 연습하느냐, 바로 그거예요. 누가 나를 괴롭힐 때 어떻게 하면 효과적으로 화를 낼 수 있을까, 이런 건 연습하지 말고요. 어떻게 하면 저 사람 가슴에 영원히 지워지지 않을 상처를 남길 수 있을까, 이런 것은 안 배워도 잘 알잖아요?(웃음) 어떻게 하면 이 분노의 감정을 잘 다스려 오히려 사랑으로 승화시킬 수 있을까, 이런 것을 연구하고 연습해야지요.

간디 선생이 이런 말을 하십니다.

"나쁜 사람 되는 것은 연습 안 해도 잘 된다. 내버려 두어도 된다. 우리 속에 그런 성향이 있기 때문이다. 그러나 하느님 뜻에 따라 사는 것은 부단한 연습이 없으면 되지 않는다."

3강
참된 야즈나

네 번 하기로 약속된 강좌인데 오늘 세 번째입니다. 《바가바드기타》 이야기를 어쨌든 두 시간에 걸쳐서 하긴 했습니다만, 그래 《바가바드기타》를 읽으니 생각이나 말이나 행동에 뭐 좀 달라진 게 있다고 느껴집니까? 제가 너무 성급한 질문을 했나요?(웃음)

어느 나라 속담에, "학생이 준비되면 선생이 나타난다"는 말이 있다고 합니다. 무언가를 배우고 싶은 간절한 마음이 있으면 그 마음이 그것을 가르쳐 줄 선생을 오게 한다는, 그런 뜻이겠지요. 우리가 각자 다른 모양새로 살지만 아트만의 차원에서는 너와 나의 구분이 없어진다는 게 《바가바드기타》의 가르침이거든요. 참 나의 세계에서는 모두가 서로 통한단 말이에요. 우리가 살다 보면 그렇잖아요? 낯선 사람도 자꾸 만나다 보면 마음과 마음이 통하지 않습니까? 그런데 뭐가 어떻게 통하겠어요? 뭐가 통한다는 건 그것들이 이미 통했기 때문에 통하는 거예요. 깨달음도 그렇게 설명하지요. 모르는 걸 새로 아는 게 아니라 본디 알던 것을 잊었다가 다시 아는 것이 이른바 깨달음이란 말입니다.

우리 모두에게 아주 소중한 보물이 있어요. 참 자아라는 보물인데요, 여기 있는 우리뿐 아니라 길거리에 오가는 분들 모두 가졌어요. 어떤 일로 말미암아 상처를 입지도 않고 남에게 상처를 주지도 않는 그런 자아를 우리 모두 가졌다는 말입니다. 그런데 그 보물을 보물로 알지 못하는 거예요.

어떤 사람이 나이지리아인가 어디 갔더니 거기 아이들이 반짝반짝하는 돌멩이로 구슬치기를 하더래요. 다이아몬드가 흔해서 그걸로 구슬치기를 하는 거예요. 아이들에게는 다이아몬드가 돌멩이지요. 그게 얼마나 값진 것인지 아는 사람은 눈이 뒤집힐 노릇이고! 보물을 가졌어도 그게 보물인줄 모르면 가졌으면서 안 가진 것과 다를 바 없겠지요. 깨달음을 얻는 것은 잠자다가 퍼뜩 깨어나는 것처럼 말 그대로 깨어나는 것입니다. 잠에서 깨어나 현실로 돌아오는 것처럼 말이에요. 누가 와서 보고 그게 얼마나 귀한 보물인지를 가르쳐 주면 그때 눈이 열리는 거예요. 아, 알고 보니 내게 엄청난 보물이 있었구나. 이렇게 깨달아 아는 것이 깨달음이란 얘깁니다. 그러니까 쉽게 말해서 깨달음을 얻는다고 말하지만, 실은 주고받은 게 없는 거지요.

그 보물에 다른 이름을 붙인다면 저는 '하느님'이라고 붙이고 싶어요. 우리 모두 하느님을 모시고 있는 거예요. 동의하십니까? 그런데 그것을 온몸으로 아는 거예요. 머리로 아는 게 아닙니다. 간디 선생 말에 의하면, 머리로 아는 지식은 참된 깨달음으로 가는 하나의 과정에 불과한 것이고 거기 머물러 있으면 안 돼요. 성경 지식은 많은데 그 삶에 변화가 없는 거예요. 미워하고 질투하고 자기 마음에 안 들면 화를 내고, 그런 모습이 조금도 달라지지 않는 겁니다. 성경에 대해서 많이 알긴 하지만 그 지식이 머리 아래로 내려가지 않아서 아직 참으로 안다고 할 수 없는 거예요.

단순히 머리만으로 아는 것을 '상키아'라고 해요. 아트만이라는 존재를 지성의 작용을 통해 이해하는 거지요.

《바가바드기타》2장 한 장이 '상키아 요가'이고, 나머지는 모두 '카르마 요가'예요. 몸으로 아는 지식, 진실을 몸으로 깨닫는 과정, 그것을 카르마 요가라고 합니다. 내가 누구인지를 몸으로 아는 거예요. 그러면 어떻게 될까요? 말, 생각, 행동이 모두 달라지겠지요. 그 달라진 행동이 어떤 모습으로 나타나느냐를 《바가바드기타》는 여러 가지로 설명합니다.

우리가 성경을 읽거나 《바가바드기타》를 공부하는 것은, 그 목적이 다른 데 있는 게 아니에요. 진실을 몸으로 확연하게 깨달아 마침내 진실 자체가 되는 겁니다. 비유하자면 사냥꾼이 곰을 잡으러 산에 들어간 것과 같아요. 곰 있는 곳을 알려면 곰 발자국을 찾아 그걸 따라가야겠지요? 곰 발자국이 곰에 연결됐으니 계속 추적하다 보면 곰이 어디 있는지 알고 그렇게 해서 곰을 잡는 겁니다. 경전이란 스승들이 남겨 놓은 발자취예요. 발자국은 한번 찍히면 바꿀 수도 없고 없앨 수도 없고 그래요. 마음대로 고칠 수 없어요. 우리가 예수님과 당시 제자들의 발자취인 복음서를 읽는 이유는 무엇입니까? 그 발자취의 주인공 예수를 만나기 위해서 아닌가요? 그렇게 만나서 예수와 하나 되는 데 성경을 읽는 목적을 두어야 한다고 생각합니다.

여러분, 상상해 보세요. 어떤 사냥꾼이 곰 발자국을 따라가다 보니 그 발자국이 너무 아름답고 기묘해서 평생 곰 발자국만 연구하다가 죽었습니다. 그 사람은, 훌륭한 곰 발자국 박사는 되겠지만 사냥꾼은 아니에요. 성경 연구도 자칫 잘못하면 그럴 수 있습니다. 성경 본문이 너무나 훌륭하고 아름다워요. 그래서 거기에 심취해 버리는 거예요. 주인공이 나타나서 나 좀 만나다오, 오랫동안 기다렸다 그러는데, 가만히 있어, 나 지금 당신 발자국 보느라고 정신없어, 그런다면 그림이 좀 우습지 않습니까?

우리가 《바가바드기타》를 읽는 목적은 그 가르침을 통해서 아트만을 만나는 거예요. 그러려면 계속 아트만의 발자국을 밟아야 해요. 그러다가 때가 되면 만나는 겁니다. 그래서 일단 아트만을 만나면 그동안 밟아 왔던 발자국은 아무 가치가 없는 거예요. 그거, 모두 한순간에 없어져도 섭섭하지 않아요. 곰을 잡았는데 곰 발자국 들여다볼 이유가 어디 있어요?

루미(Rumi)의 시에 친구를 자기 정원에 초대하는 내용이 있어요.

"봄의 과수원으로 오라. 여기에는 볕이 있고 포도주가 있고 석류꽃 그늘 아래 달콤한 연인이 있다. 그대 만일 오지 않는다면, 이 모두 아무것도 아니다."

여기까지는 보통 연애시예요. 그러면 상대방은 깜박 죽고 오겠지요? 그런데 루미의 시는 거기서 끝나지 않아요. 마지막 한 줄이 끝내 주지요.

"그대 만일 온다면, 이 모두 아무것도 아니다."

내가 근사한 집을 지으면 사람들을 초대할 때 그 시를 한번 써먹어 볼 텐데…….(웃음)

그래요. 목표는 진리를 아는 겁니다. '아트만'을 간디 선생은 '진리'로 번역하시지요. 어떤 사람은 '자유'로 옮길 수 있을 거예요. 노자 선생은 '도(道)'라고 하시겠지요.

자, 그러면 몸으로 오랜 연습을 통해서 진리를 아는 카르마 요가, 그게 무엇이냐?

이 책 119쪽을 보십시오.

> 신을 아는 길은 가부좌를 틀고 앉아 있는 것이 아니라 무심으로 일을 하는 것이다.

간디 선생 말씀입니다. 가부좌 틀고 앉아 있는 것이 무엇인지는 알지요? 부처님처럼 다리를 꼬고 앉아 참선을 합니다. 그렇게 고요히 앉아 있으면 지나가는 사람들도 조용조용 지나갑니다. 그런데 간디 선생은 신(아트만)을 아는 길이 그렇게 가부좌를 틀고 앉아 있는 데 있지 않고 무심으로 일을 하는 데 있다고 말씀하십니다. 무심으로 일을 한다는 게 참 재미있는 말이에요. 쉬울 것 같지만 절대 그렇지 않습니다. 노자의 용어로 말하면 무위(無爲)예요. 하는데 하는 바가 없다, 그런 이야깁니다.

이어지는 간디 선생의 해설입니다.

어떤 사람이 수많은 '야즈나'(신에게 바치는 제사)를 이루었다거나 재산을 많이 기증했다고 해서 그 때문에 요기가 되는 것은 아니다.

기독교식으로 말하면, 하느님께 보물을 많이 바쳤다고 해서 진정한 신자가 되는 것은 아니라는 거예요. 문제는 얼마나 바쳤느냐가 아니라 그걸 어떻게 바쳤느냐에 있습니다. 신에게 제물을 바치면서 그 안에 어떤 의도나 목적이 조금이라도 섞여 있으면 그 사람은 요기가 아니다. 무서운 말이에요. 내가 헌금을 하느님께 바쳤으니까 상응하는 뭔가를 주시겠지 하는 마음이 있으면 신자가 아니라는 겁니다.

성철 스님 이야기가 생각나네요. 부산 어떤 절에 갔더

니 중창(重創)을 위해 시주한 사람들 이름을 적어서 내걸었는데 어떤 사람 이름이 유독 크게 적혀 있더랍니다. 스님이 "저 사람 누구냐?" 하니까, "사업을 하는 아무개인데 이번에 시주를 크게 하셨습니다." "그러냐? 그러면 그 사람 한번 보고 싶은데 만나게 해 달라." 아, 종단의 큰 어른이 평신도를 만나 보겠다고 하시니 얼마나 영광입니까? 연락이 닿자마자 그냥 달려온 거예요. "당신이 이 절을 위해서 시주를 많이 했다던데, 참 대단하십니다." "아닙니다." "그런데 저기 써 붙여 놓은 거, 저걸 왜 저렇게 써 붙여 놨는가?" 옆에 있던 사람이, "저걸 사람들이 보고 분발해서 더 많은 시주를 할 수 있게 하려고 한 것입니다." "그러면 저걸 이 한적한 절간보다 사람들이 많이 다니는 역전에 걸어 놓으면 더 좋을 텐데……." 그 사람이 스님 말을 알아듣고서 "잘못했습니다." "그럼 이제 어떻게 하겠는가?" "제 손으로 떼어서 버리겠습니다."

이런 일이 있었다는 이야기를 어디서 읽었어요. 과연 성철 스님다운 가르침이었다고 봅니다. 우리가 무슨 행동을 하면서 그 안에 어떤 이기적인 욕심이나 이런 것들이 조금이라도 섞여 있으면 아직은 아니라는 거예요. 무심으로 하는 행위가 참 행위라는 그런 말입니다.

그게 가능할까요? 지금 여러분 형편에 가능한 얘깁니까? 솔직히 이야기해 보세요. 예, 가능하다고 생각합시다. 가능하니까 우리가 여기 앉아 있는 거예요. 안 그렇습니까? 여기에 나오는 이야기가 모두 남의 이야기고 나와는 아무 관계없는 이야기라면 뭐 하러 여기 앉아 있습니까? 우리도 이렇게 할 수 있는 거예요. 그래요. 간디 선생이 어디선가 이런 말을 하셨어요. "우리가 건너면 세계가 건너다." 멋있는 말이에요. 우리가 강을 건너면 세계가 강을 건너는 겁니다. 그러면서, 함께 일하는 사람들에게, 사사로운 욕심이라든가 결과에 대한 기대라든가 그런 거 하나 없이, 무심으로 일을 해야 한다고 말씀하십니다.

계속 읽어 봅시다.

우리는 그가 과연 자아에 대한 애착에서 벗어났는지, 신이(미라의 말대로) 가느다란 명주실로 잡아당기는 대로 기꺼이 따라가는지, 순리로 일을 하고 있는지, 그런 것을 살펴보아야 한다.

미라라는 시인의 표현입니다. 명주실 같은 것으로 신이 우리를 끈다는 거예요. 거미줄이 끌어당긴다고 생각해 보세요. 여러분 거미줄에 끌려가 본 적 있어요? 우리가 숲을 산책하다 보면 거미줄이 얼굴에 걸릴 때가 있는데 그럴 때 거미줄을 끊어 버리기는 해도 거미줄 때문에 몸이 뒤로 당겨지는 그런 경우는 없지요. 그런데 그 거미줄로 우리를 당긴다는 거예요. 누가? 하느님이. 야, 참으로 절묘한 표현입니다. 조금이라도 사심이 있으면 그게 거미줄을 끊어 버리는 거예요. 그러면 그분이 인도하는 대로 못 가는 거지요. 내가 깃털보다 더 가벼운 존재로 될 때 비로소 신의 의지대로 움직여진다는 겁니다. 에고라는 게 말끔히 없어져서 마치 투명한 허공처럼 될 때 가느다란 명주실이 이끄는 대로 따라갈 수 있다는 그런 이야기올시다. 그러니까 저 사람이 순리로 일을 하는지, 이치를 좇아서 일하는지, 저 사람이 정말 신을 아는 사람인지, 정말 무심으로 일하는지, 진짜 요기인지를 살펴보아야 한다는 것입니다.

《바가바드기타》의 저자인 비아사가 우리에게 말하고자 하는 바는, 요기라면 자기가 하는 모든 일을 중요한 것이든 하찮은 것이든 신에게 바쳐야 하고 그분을 모든 것의 유일한 주인으로 우러러 모셔야 한다는 것입니다.

어쩌면 이것이 《바가바드기타》 전체를 흐르는 중심 테마라고 할 수 있을 것입니다. "자기가 하는 모든 일을 중요한 것이든 하찮은 것이든 신에게 바쳐라." 우리도 중요한 것은 잘 바치려고 하죠. 그런데 하찮은 것은? 그건 자기 멋대로 하찮게 여겨요. 해 보니까 이게 참 어려워요. 정말 어려워요. 부부 생활을 해 본 사람은 아시겠지만, 대개 무슨 일로 다투십니까? 세계 평화를 위해서 다투십니까? 그런 거 가지고 다투지 않아요. 정말 하찮은 일을 가지고 다투지요. 을지로 오가냐 사가냐? "아, 그때 오가에서 먹었잖아?" "거기가 왜 오가야? 사가지." "이 사람아 거기가 오가지." "아이고 당신은 그렇게 길눈이 어두워. 거긴 사가야." 한참 싸우다 보면, "역시 당신하고 나는 안 맞는 거 같아." 그러지요.(웃음) 왜 사소한 문제에 넘어질까요? 중대한 문제는 그럴 듯하게 처리하면서 말입니다. 좀 심각한 문제다 싶은 건 무난히 넘어가요. 부드럽게 넘어갑니다. 그런데 작은 문제, 아주 사소한 문제는 판판이 걸려 넘어지거든요. 왜 그럴까요? 저는 이렇게 생각해요. 그것을 하찮은 문제로 보기 때문에 그래요. 물건을 들 때에는 이게 무겁다 생각하고 들라고 하지요. 그러면 허리를 안 다친대요. 왜냐하면 이게 무겁다 생각하는 순간 몸이 준비를 하거든요. 그런데 무겁다는 생각 없이 그냥 드는데 뜻밖에도 무거워요. 그러면 아직 준비 안 된 허리가 충격을 받는단 말입니다. 우리가 사소한 문제에 걸려 넘어지는 것은 그걸 사소하게 보았기 때문이에요. 그래서 중요한 문제든 사소한 문제든, 큰일이든 하찮은 일이든,

모두 신에게 바쳐야 한다는 겁니다.

그런데 신에게 바친다는 것이 뭘까요? '야즈나'가 뭡니까? 일을 하는데 공동선을 위해서 하는 것, 남을 섬기려고 하는 것, 그것이 곧 그 일을 신에게 바치는 것이라고 《바가바드기타》는 설명해요. 어떤 한 사람한테만 좋은 게 아니라 모두에게 좋은 것이 공동선이에요. 구성원 모두에게 선한 것입니다. 그걸 위해서 일을 하는 거지요. 그것이 곧 자기 행위를 신에게 바치는 거라는 말입니다.

여기서 '신'은 누굴까요? 나와 동떨어져 있는 무엇이 아니라 나를 포함한 전체입니다. 예수님께서 비유로 "나는 포도나무요 너희는 가지다"라고 하셨지요. 우리는 나무의 부분이고 당신은 나무 전체라는 거예요. 전체와 부분은 분리될 수 없지요. 동떨어질 수가 없어요. 부분이 전체고 전체가 부분입니다.

바울로 성인께서는 교회를 사람 인체에 비유하셨지요. 교회가 몸이요 교인들은 그 몸의 여러 지체들입니다. 몸의 한 지체가 어떻게 작용하는지를 잘 보십시오. 이게 '야 즈나'예요. 배가 고파서 무엇을 먹습니다. 먹을 때 입으로 씹잖아요? 왜 씹습니까? 입이 저를 위해서 씹습니까? 입의 쾌락을 위해서 씹나요? 아니에요. 음식이 들어오면 씹는 게 제 임무니까 씹는 겁니다. 그냥 씹어요. '그냥'이라는 우리말이 참 좋아요. '그냥'은 안에 아무 의도가 없다는 말이에요.

독일에서 온 친구하고 밥을 같이 먹은 적이 있어요. 그친구는 한국말을 모르고 저는 독일 말을 모르는데 그래도 의사소통을 하려니깐 서로 서툴게나마 쓸 수 있는 게 영어였어요. 밥을 먹으면서 뭐라고 이야기는 해야겠기에 간단한 질문을 던져 봤지요. 제일 쉬운 영어 있잖아요? "아유 해피(Are you happy)?" 이 정도는 중학교 때 배웠거든요. 그랬더니 "예스 아임(Yes, I'm)" 행복하냐고 물었더니 행복하대요. 말을 잇기 위해서 또 물었지요. "와이해피(Why happy)?"(웃음) 이래도 말 돼요. 다 알아들어요. "왜 행복?" 그 친구가 조금 생각하더니, "그냥 해피"하는 거예요. 아, 제가 이 말을 듣고 참 기분이 좋았어요. 그냥 해피랍니다. 이러이러해서 행복하다면 그건 조건부 해피에요. 조건이 깨지면 따라서 없어지는 해피지요. 그런데 그 친구는 그냥 해피래요. 그러니 그 해피를 누가 무슨 수로 깰 수 있겠어요? 그냥, 이유 없이, 무심으로, 행복한 걸.

  그 일을 "왜 하지?" "그냥 해요." 이게 무심으로 하는 거예요. 입이 음식을 씹어요. 태초에 하느님이 만들어 주신 법에 따라서 제 일을 그냥 하는 겁니다. 입의 임무는 음식이 들어오면 씹는 거지요. 입이 음식을 씹는 것은 저만을 위해서가 아닙니다. 입이 제 일을 해야 온몸이 사는 거예요. 내 행위를 신에게 바친다는 것은 나를 포함한 전체를 위해서 내게 주어진 일을 한다는 뜻이에요. 입이 음식을 씹으면 씹는 대로 넘어갑니다. 목구멍, 식도(食道). 이 식도라는 녀석도 참 한심한 녀석이에요. 태어나서 죽을 때까지 마냥 전달만 하는 거예요. 뭐가 들어와도 그냥 전달만 합니다. 이게 무심으로 일하는 거예요. 무심으로 일하는 것을 보려면 우리 몸을 보면 돼요. 몸이 스승입니다.

입이 음식을 씹으면 식도를 통해 위로 넘어가고 창자가 움직이고 찌꺼기는 걸러 항문을 통해 내보내고, 이 모든 기관들이 각자 하느님이 천지를 창조할 때부터 자기에게 주어진 일을 하는 거예요. 그래서 저만 사는 게 아니라 저를 포함한 전체가 살지요. 이렇게 사는 것이 하느님께 바쳐지는 '야즈나'로서의 삶이라는 말입니다. 바울로 성인도 "너희 자신을 하느님께 거룩한 산 제물로 바치라"고 하셨지요.

그러면 우리가 하는 행동이 신에게 바치는 제물이 되어야 하는 까닭은 무엇인가? 그것은 사람이 동떨어진 존재가 아니기 때문입니다. 아브라함 요수아 헤셀(Abraham J. Jeschel)이라는 히브리 철학자의 《사람은 혼자가 아니다》(Man is not alone)라는 책이 있어요. 사람은 섬처럼 동떨어진 존재가 아니라는 것입니다. 섬도 사실은 동떨어진 존재가 아니에요. 수면 위로 나타난 모양을 보면 그렇지만, 바다 밑 속으로 들어가면 일본과 중국과 한국이 한 땅이에요. 전체 지구상에 땅도 바다도 하나뿐이지요. 만물이 서로 연결되어 존재하는 것입니다.

여기 손가락을 보십시오. 이 손가락이 손목하고 연결되지 않았다면 손가락일 수 없어요. 손목은 팔뚝에, 팔뚝은 어깨에, 어깨는 가슴에, 가슴은 온몸에 연결되어 있습니다. 온몸의 수많은 지체들이 서로 연결되어서 내가 존재하는 거예요. 따라서 우리의 행동도 동떨어진 행동은 있을 수 없지요. 내가 한마디 하면, 그 말은 그 즉시 나만의 말이 아닙니다. 듣는 사람에게 벌써 파문을 일으키잖아요? 엘리베이터에서 누가 가스를 뿜으면 그 엘리베이터 안에 있는 사람은 그 가스를 다 맡아야 돼요. 한 사람의 문제가 아니란 말입니다.

사람은 속수무책인 상태로 태어납니다. 갓난아기 때 우리가 혼자 할 수 있는 게 아무것도 없잖아요? 엄마가 젖 먹이고 똥 치워 주고 그래야지요. 그건 어른이 되어도 마찬가집니다. 사람은 혼자서 할 수 있는 일이 아무것도 없어요. 숨도 혼자서는 못 쉽니다. 식물이 숨을 쉬어 주지 않으면 한순간도 쉴 수 없는 게 숨이거든요. 그렇기 때문에 우리가 하는 모든 행동이 나 혼자의 소유가 될 수 없는 거예요. 이건 내가 한 행동이니까 내 것이다. 이런 말은 있을 수 없어요. 그런데 자본주의 사회에서는 모든 걸 다 소유물로 삼다 보니까 생각이나 지식까지도 누군가의 소유물이 되어 버렸습니다. 그걸 가리켜 '지적 소유권'이라고들 하더군요. 저 어렸을 때엔 그런 말 못 들었어요. 저작권, 출판권 이런 말도 들은 기억이 나지 않습니다. 사실 그런 것들은 보통 사람들에게 별 의미가 없었어요. 외국에서 좋은 책 들어오면 아무나 번역하면 됐지요. 인세를 지불하고 돈을 내고 그런 거 없었습니다. 어떤 사람이 제가 쓴 시에 곡을 붙일 수 있도록 허락해 달라더군요. 허락이라니? 아, 얼마나 고마운 일입니까? 오히려 제가 사례를 할 입장이지요. 이 시는 특별한 거니까 열 사람만 읽고 나머진 읽지 마라. 그런 거 아니잖아요? 시를 쓸 때 많은 사람이 읽었으면 하는 마음에서 쓰는 거 아닌가요? 그러니 얼마나 고마워요? 그래서 "고맙습니다" 했더니 "그러면 목사님, 제가 사용료를 드려야 할 텐데 온라인 번호 좀……."(웃음) 이게 어떻게 된 겁니까?(웃음) 이게 새 세상인가요? 제 눈에는 낡은 세상의 마지막 모습입니다.

제 후배가 그림을 그리는데 소나무를 잘 그렸어요. 그래서 네가 그렸냐? 했더니, 그렇대요. 정말 너 혼자서 그렸냐? 다시 묻자, 그럼 그림을 혼자 그리지 떼로 그립니까? 그러더군요. 하지만 소나무가 없는데 누가 어떻게 소나무를 그립니까? 세상에 아무리 뛰어난 화가도 없는 건 못 그려요. 머릿속의 상상이라도 있으니까 그리는 겁니다. 그러기에 화가가 양심이 있으면 나무하고 자기가 함께 그렸다고 말해야 하는 거예요. 한 폭의 나무 그림이 존재하는 데는 나무의 역할도 분명 있는 겁니다.

물론 나무가 그림으로 그려지려고 있는 건 아니지요. 나무는 무심입니다. 내가 이렇게 서 있으면 화가들이 와서 나를 그려 주겠지. 화가들이 그림을 그릴 수 있게 하기 위해서라면 비바람이 몰아쳐도 견뎌야 한다.(웃음) 그런

나무는 없어요. 관광객들을 유치하고 저들의 돈을 나라 수입으로 삼으려면 내가 끊임없이 떨어져야 한다, 이러면서 떨어지는 나이아가라 폭포는 없단 말입니다. 그게 자연스럽게 사는 것이고 무심으로 사는 거예요. 가부좌 틀고 앉아 있는 것이 신의 일을 하는 것이 아니라 무심으로 사는 것이 신의 일을 하는 것이다, 이런 얘기올시다.

말이 나온 김에 제가 계속했지요. 이 캔버스 네가 만들었냐? 아니지요. 화가가 캔버스 만듭니까? 여기 사용된 물감 네가 만들었냐? 붓도 네가 만들었냐? 아니잖아요? 소나무 그림 한 폭이 존재하는 데 우주가 동원된 거예요. 그걸 어떻게 '내 그림'이라고 합니까? 거기다 서명만 하면 자기 그림이 되는 건가요? 서명한 잉크도 자기가 만든 것이 아닌데 말입니다. 모든 비극의 원천은 '나'라고 하는 존재가 '따로 있다'는 착각이에요. 내가 있으니까 '내 것'이 있고 그러니까 그걸 지켜야 하지요. 그렇게 해서 인류 사회의 온갖 건강하지 못한 일들이 벌어지는 겁니다. 이제라도 인류가 건강을 회복하려면 근본으로 돌아가서

'나'라고 하는 것이 독립된 별개가 아님을, 우주가 바로 나요 전체가 바로 개체임을 깨치고 그 진리를 몸으로 살아야 해요.

재미있는 질문이 중간에 들어왔네요. "나무는 본래 마음이 없으니 무심이 될 수 있는데 마음을 가진 인간이 어떻게 무심이 될 수 있는지 알고 싶습니다." 그럴 듯하지만 말이 안 되는 말이네요. 마음이 본디 없는데 어떻게 무심이 될 수 있어요? 난쟁이가 난쟁이로 될 수 있습니까? 마음이 본디 없으면 무심이 될 수 없는 거예요. 마음이 있으니까 무심이 될 수 있지요. 아, 잘못도 하지 않고 어떻게 용서받으려고 그래요? 천사들이 구원받았다는 얘기 들어봤어요?(웃음) 예수님이 구원받으셨습니까? 사람에겐 마음이 있어요. 그러니까 마음 없이 뭘 하라는 얘기를 시방하는 거예요. 넘어지지 않은 사람은 일어날 자격이 없습니다. 서 있지 않으면 넘어질 수 없다니까요? 아예 마음이 없으면 무심이니 뭐니 얘기할 건더기도 없는 겁니다. 사람에겐 자아, 에고가 있어요. 사실 진짜로 있는 건 아니고 있다는 생각이 있는 거예요. 독립된 나라고 하는 것이 존재한다고 생각하는 겁니다. 하지만 알고 보면 독립된 나라고 하는 물건은 없어요. 우리 어머니, 아버지가 없으면 내가 어떻게 있습니까? 제가 밥을 안 먹으면 살 수 있습니까? 물을 안 마시고 존재할 수 있어요? 물 없이는 '나'라고 부르는 이 물건이 존재할 수 없는 거예요. 물이 있어서 내가 있고 나무들이 숨을 쉬니까 우리가 숨을 쉬는 겁니다. 나무가 숨을 안 쉬면 우리도 숨을 못 쉬어요. 어떤 분이 나무는 내 몸 밖에 있는 허파라고 했던데, 맞는 얘기예요. 어디에 독립된 존재가 따로 있습니까? 착각이에요. 미망입니다. 그걸 깨치자는 거예요. 지금까지 잘못 알았구나. 그걸 아는 겁니다. 내 마음도 따로 있는 게 아니에요. 그저 그런 게 있다고 생각하는 거지요.

예를 들어 봅시다. 마음을 영어로 보통 '마인드(mind)'라고 하는데 다른 말로 하면 생각이나 느낌이에요. 무섭다는 마음이 들어요. 왜 무섭지요? 괜히 무서워요? 무서운 걸 보거나 느끼거나 생각하니까 무섭지요. 무서운 게 없는데 어떻게 무섭습니까? 무섭다는 마음도 무서운 무엇이 있어서 생기는 거예요.

　앞에서 하던 얘기 계속합시다. 무심으로 살라는 말은 네 마음으로 살지 말고 하느님의 마음으로 살라는 겁니다. "제 뜻대로 마시고 아버지 뜻대로 하십시오." 이렇게 기도하고 그 기도를 몸으로 살라는 말이에요.

　시인 미라의 명주실 비유, 그게 아주 절묘한 바가 있어요. 굵은 밧줄로 당기면 내 몸이 끌려가겠지요. 그런데 아주 가느다란 명주실로 당기면 어떻게 되겠어요? 내가 조금만 버텨도 줄이 끊어지는 겁니다. 그러니까 내가 깃털처럼 가벼운 존재가 되지 않고서는 하느님이 이끄시는 대로 못 간다는 거예요. 오죽하면 예수님께서, 나하고 같이 가려면 자기를 부정하고 자기 십자가를 지고 나를 따라오라고 하셨겠습니까? 자기를 부정하라는 말은 '나'가 따로 있다는 착각에서 벗어나라는 얘기예요. '독립된 별개

의 나'라는 개념을 부정하란 얘깁니다. 십자가를 지라는
말은 한발 더 나아가서 죽으라는 얘기 아닙니까? 많은 이
들이 십자가의 의미를 고난으로 이해하는 것 같아요. 십
자가는 곧 고난이 되는 거지요. 그래서 자기를 괴롭히는
사람이 있으면 저 인간이 내 십자가려니 하는 겁니다. 아
니에요. 예수님이 우리에게 고통이 무엇인지를 보여 주려
고 십자가를 지셨을까요? 그분이 십자가에서 이루신 일
이 무엇입니까? 하느님의 뜻을 실현해 드리는 거예요. 사
실은 죽고 싶지 않으셨잖아요? 하지만 당신 뜻대로가 아
니라 하늘 아버지의 뜻대로 하려니까 죽었던 겁니다. 그
렇게 사는 것을 무심으로 산다고 하는 거예요. 내 마음뿐
아니라 아예 내가 없는 거지요. 무심은 무아에서 나오는
거라고 보면 돼요. 무아라는 것도 그래요. 나라고 하는 존
재가 따로 있다는 착각에서 벗어나면 그게 무아지요.
'나'라고 하는 이 물건이 따로 있는 줄 알았더니 그게 아
니로구나. 네가 있어서 내가 있고 부모가 있어서 내가 있
구나. 물이 있고 나무가 있고 쌀이 있고 햇빛이 있고 친구

들이 있고 그래서 내가 존재하는구나. 그러니까 저들과 나는 한 몸이구나. 이 진실을 깨달아 아는 겁니다.

사람들이 인간의 몸을 '소우주'라고 하지요? 그런데요, '우주' 앞에 왜 '소'를 붙이느냐 말입니다. 작을 '소' 자를 거기 붙일 이유가 없어요. 내가 그대로 우주예요. 우주의 중심이 어디 있습니까? 한번 생각해 보세요. 마음에 있다고요? 좋아요. 뭐든지 마음에 있다고 그러면 되지…….(웃음) 우주는 외연(外延)이 없어요. 경계가 없단 말입니다. 어디서 어디까지가 우주인가요? 울타리 안이 우주입니까? 그럼 울타리 바깥은 뭡니까? 거기는 우주 아닌가요? 우주에는 경계가 없습니다. 그래서 가없는 하늘이라고 그러잖아요? 그러니까 아무 데나 거기가 우주의 중심인 겁니다. 예수님은 오늘 여러분이 앉아 있는 바로 여기에 계십니다. 지금 여기 말고는 예수님이 계실 다른 데가 없어요. 과거란 없는 물건이에요. 과거가 있다면 우리 기억, 기록, 필름 등에 있지요. 사고로 뇌를 다쳐 기억을 상실한 사람에게 무슨 과거가 있겠어요? 그렇다면 미래는 있나요? 미래를 어디서 만날 수 있습니까?

무슨 행동이든 그것을 신에게 바치면 '야즈나'가 된다는 말을 읽다가 얘기가 많이 빗나갔네요. 돌아갑니다. 책 읽어 볼까요? 150쪽입니다.

야즈나는 남을 위해서 하는 모든 행위를 의미한다. 남을 섬기는 일에 자신의 몸을 부리는 사람은 그들을 위해서 일하는 것이다.

'남'이란 말은 '나' 아닌 모든 것을 의미합니다. 사실은 편의상 '나'니 '남'이니 하는 표현을 쓰고 있는 거예요. 실제로는 이게 둘이 아닙니다.

우리가 만일 자신의 육체를 세상의 재산으로 여기고 그렇게 사용한다면,

자기 몸을 자기 것으로 생각하고 쓰는 게 아니라 전체

세상의 것으로 생각하고 쓴다면 말이지요,

　　육체를 통제하는 힘을 늘 유지하면서

　왜냐하면 그 힘이 내가 만들어 낸 힘이 아니라 세계가 나한테 주는 힘이거든요. 그러니까 힘을 잃어버릴 이유가 없지요.

　　순결하게 지키면 흰 거미에게 뜯어 먹히는 일도 없을 것이다.

　아주 재미있는 표현이네요. 흰 거미에게 뜯어 먹힌다? 무슨 얘깁니까? 세계가 바로 흰 거미예요. 흰 거미가 세계라고요. 흰 거미가 나를 물어뜯는 건 내가 나를 물어뜯는 거예요. 그런데요, 내가 나를 물어뜯을 수 있는 겁니까? 눈동자가 눈동자를 볼 수 있어요? 그런 일은 불가능하지요. 내가 나를 파괴하는 건 있을 수 없는 일입니다.

그러나 이 모든 일을 신에게 헌신하는 정신으로 해야 한다. 우리가 우리 몸을 쓰되 그것을 위탁 맡은 자 또는 그것의 관리자의 자세로 쓰면, 그것이 우리에게 커다란 행복을 안겨 줄 것이다.

내가 잠깐 동안 몸을 빌려 쓴다는 생각으로 살라는 거예요. 위탁 맡은 자, 관리자, 이런 말에는 주인이 따로 있다는 의미가 들어 있지요. 내가 이 몸의 주인이 아니란 말입니다. 이 몸의 주인이 따로 있어요. 전체, 하느님, 여기서는 '세계'라고 말하는데, 그게 이 몸의 주인이에요. 그 주인으로부터 잠깐 이런 형체를 빌려서 쓰는 거란 말입니다. 그러니까 제가 정말 이런 정신으로 얘기한다면 지금 이게 이 아무개의 강의라고 주장할 수 없다는 거예요. 이 아무개가 혼자 강사료 먹으면 안 된단 말입니다. 나눠 먹어야지. 여러분이 없는데 제가 여기서 얘기할 수 있습니까? 여기 아무도 없는데 아까부터 혼자서 마이크 잡고 얘기했다면 그게 미친놈이지요. 청취자 없는 방송국은 없는 거예요. 들을 사람이 있으니까 얘기하는 거 아닙니까? 그러니 어떻게 강사료를 강사 혼자 먹어요? 들은 사람들이랑 나눠 먹어야지. 어떻게 이 강의가 저의 사유재산이냔 말입니다. 아까 말씀드린 그 화가한테 제가 그랬어요. 너 그럼 그럴 때 숨 쉬었지? 쉬었대요. 그 숨 네 거냐? 네가 만들어서 쉬는 거냐? 아니에요. 아니잖아요? 무엇인가가 (누군가가) 이 몸을 통해서 하고 있는 거예요. 이 진실을 알라는 겁니다. 여러분이 제 얘기를 듣는 것도 마찬가지에요. 내가 듣는다고 생각하면 착각입니다. 누군가가 내 몸으로 듣고 있는 거예요. 루미란 시인이 이런 시를 썼더군요.

누가 내 귀로 내 목소리를 듣는 것일까?
누가 내 입으로 말하는 것일까?
누가 내 눈으로 보는 것일까?

내가 보는 것이다, 내가 듣는 것이다. 이 생각이 착각임을 깨달으면 이런 질문을 하는 거예요.

　자기의 참 주인으로부터 몸을 위탁받은 자의 자세로 살아가는 사람은 행복할 것입니다. 왜? 이유는 간단하지요. 그런 사람은 무슨 일을 하든 그 일에 성공해도 좋고 실패해도 상관없거든요. 성공했다고 해서 우쭐거리거나 실패했다고 해서 풀이 죽거나 그러지 않는단 말입니다. 그러면 행복한 사람 아니겠어요? 무슨 일을 하고 나서 사람들이 칭찬하면 우쭐거리고 비난하면 풀이 죽거나 화를 내는 것은 그 일을 자기가 했다고 생각하기 때문에 그런 거예요. 그 일을 한 게 자기가 아니라면 성공했다고 해서 우쭐거릴 것도 없거니와 실패했다고 해서 풀이 죽을 것도 없잖아요? 그래서 어떤 사람이 일에 실패했을 때, 그 사람이 정말 하느님의 뜻대로 산 사람인지 아니면 하느님 뜻을 혀끝에 달고 산 사람인지가 판가름 나지요. 일이 잘 됐을 때도 물론 유심히 보면 판가름 나지만 그건 잘 눈에 안 띄어요. 그러나 일이 잘못됐을 때는 금방 드러나거든요. 나를 통해서 하느님이 일하신다는 의식이 늘 있고 몸으로 그 사실을 절실하게 알고 사는 사람은 일이 잘못됐을 때 오히려 감사합니다. 감사까지는 하지 않더라도 좌절 낙심하지는 않는단 말이에요. 더구나 그 일로 남이나 나를 탓하는 모습은 결코 볼 수 없지요. 탓할 이유가 없잖아요? 내가 실패했나? 주인이 하셨는데. 그런데 왜? 내가 뭐라고 실망하고 낙심하느냔 말입니다. 내가 누구한테 심부름을 시켰는데 그 심부름한 게 잘못됐다면 누가 책임을 져야 하지요? 나지요.

"칭찬과 비난의 저울추가 똑같은 사람" 이런 말이 《바가바드기타》 어디엔가 나와요. 그 사람은 칭찬을 받아도 별로 개의치 않아요. 왜냐하면 자기가 칭찬받을 대상이 아님을 잘 알거든요. 비난을 받아도 상관없어요. 비난받을 대상도 자기가 아닌 것을 잘 아니까요.

이 진실을 아는 사람은 남의 비난이나 칭찬에 좌우되지 않아요. 그저 그 일을 했다는 사실만으로 충분히 만족하거든요. 거리의 쓰레기를 치우면서 그 행위를 야즈나로 하느님께 바치는 사람이, 내가 집회에 갈 테니까 몇 백 명 이상 모아 놓고 집회 수입의 절반은 내놓으라고 하는 목사보다 훨씬 훌륭하지요. 아, 내가 살아서 이렇게 사람들이 버린 쓰레기를 치우다니! 이것 하나만으로도 내 인생은 충분히 보람 있다고 생각하며 기쁘고 감사하게 산다면, 집회에서 받을 사례비 먼저 약속하고 설교하는 목사들을 그에게 견줄 수 있겠습니까? 자기 명예나 이익에 관심을 두고 근사한 일을 하는 자선 사업가보다는 농사를 지으면서 이걸로 나도 먹고 남도 먹을 수 있으니 얼마나 좋냐, 참으로 이것이 하늘이 내게 준 천직이다, 생각하면서 산다면 그 농부가 성자지요. 성자되기 쉬워요. 무슨 직업을 따로 가질 필요가 없거든요. 누구나 다 성자가 될 수 있어요. 물론 사기꾼이나 강도나 이런 사람들은 되기 어렵겠지만.(웃음) 일이 잘못됐을 때 감사하고 내 뜻대로 안 됐을 때 더 감사하고. 난 이렇게 하려고 하는데 안 되는구나. 하느님이 내 일에 간섭하시는구나. 내 뜻이 이루어지지 않고 하느님 뜻이 이루어졌나 보다. 이렇게 생각한다면 그 얼마나 행복한 사람입니까?

158쪽 펴세요.

> 그런즉 그대가 해야만 하는 일을 그것에 집착하지
> 말고 이룰지어다. 집착하지 않고 행동함으로써 사람
> 은 지고자에 이르느니라. – 3장 19절

지고자(至高者)가 누굽니까? 더 높이 올라갈 수 없을 정도로 높은 경지에 올라간 사람이지요. 어떻게 해서 그런 경지에 오른다고요? 너에게 맡겨진 일에 집착하지 말고 행함으로써 그렇게 된다는 겁니다. 집착하지 말고 하란 얘기는, 이걸 이루면 내 공이요, 이걸 이루지 못하면 내 실책이다, 라는 생각 없이, 이건 하느님이 내게 주신 일이다, 그러니까 그냥 할 뿐이다, 이런 생각으로 그 일을 하라는 거예요. 네가 하는 일로부터 자유로워져라, 그런 얘깁니다. 그 일의 결과로부터 자유로워지라는 얘기예요.

우리는 우리 몸이 사는 대로만 살면 됩니다. 우리 몸이야말로 완벽한 스승이에요. 사람 몸은 그대로 '자연'이니까요. 어쩌다가 목구멍에 아주 좋은 쇠고기가 들어왔어요. 목구멍이 보니까 세상천지 처음 보는 쇠고기인 거라! 그래서 목구멍이 꼭 잡고 있으면 되겠어요? 이빨이 이게 웬 쇠고기냐? 이거 조금 꼬불쳐서 이빨 사이에 끼워 두자, 이러면 어떻게 되겠습니까? 난리 나는 거지요. 쇠꼬챙이나 이쑤시개가 득달같이 달려와서 모두 가져가잖아요?(웃음) 사유(私有)가 원천적으로 불가능한 게, 이게 사람 몸이란 말입니다. 이 원리를 사회화하자는 말이에요. 그게 《바가바드기타》의 가르침이라고 할 수 있어요. 오늘 시간이 다 돼서 여기까지만 하고요, 다음 주에 하늘이 허락하시면 다시 만나겠습니다. 고맙습니다.

불멸의 요가

안녕하셨어요? 드디어 마지막 시간이 되었습니다. 지난 한 주간 재미있는 경험들 많이 하셨습니까?

터무니없는 모함이나 비난을 받으신 분 있나요? 살다 보면 가끔 그런 일 있지요? 많아요? 그게 점점 줄어들기를 바랍니다.

그런데 어떻게 하면 줄어들 수 있을까요? 줄어드는 방법이 있어요. 주변 사람들이 변하기를 바란다면 아마 죽을 때까지 안 될 겁니다. 하지만 같은 상황에서 모두가 똑같이 반응하지는 안잖아요? 같은 사람과 같은 상황에 다른 태도로 반응할 수 있는 겁니다. 예를 들면, 어떤 사람이 나를 욕했을 때 나는 모멸감을 느낄 수도 있지만 반대로, 그렇게 떠들어 봤자 동네 개가 짖는 것과 같다고 생각할 수도 있어요. 모멸감을 느낄 때에는 내가 모욕을 당한 것이고, 자기 생각이 그렇다면 그렇게 생각하라고 해, 나와 상관없어, 이렇게 생각한다면, 그러기가 쉽지는 않지만, 나는 모욕을 받은 것이 아닙니다. 우리말이 참 재미있어요. 욕을 먹는다고들 하지요? 저 사람이 나를 욕할 때 내가 그것을 받아서 먹으니까 욕을 먹는 거예요. 내가 안 받아 먹으면? 그러면 그 사람 입만 아픈 거지요. 그래서 내가 바뀌면 주변 사람들이 바뀐다는 말이 그게 맞는 말입니다. 똑같은 것인데, 내가 다르게 보면 그 사람이 달라지는 거예요. 내가 어떻게 보느냐에 따라서 모든 것이 결정되기 때문에 그렇습니다.

우리가 지금 하는 이런 공부를 흔히 '마음공부'라고 하는데요, 경전을 공부한다는 것은 두뇌보다 가슴으로 하는 것이라, 그래서 마음공부인 것입니다. 물론 머리로 안 하는 것은 아니에요. 그러나 머리만 가지고 하는 공부가 아니라 마음을 닦는 공부거든요. 그래서 마음공부라고들 하지요. 마음공부를 많이 하면 세상이 달라지게 마련입니다. 만약 마음공부를 몇 년 했는데, 다시 말해서 경전을 꽤 오래 읽었는데 세상이 달라지지 않고 똑같다면, 그동안 마음공부를 제대로 못했구나 하고 심각하게 반성해야 할 거예요.

이 《바가바드기타》는 간디 선생이 일 년 가까이 매일 새벽마다 읽고 해설하신 거예요. 그것을 두 제자가 열심히 베끼고 그렇게 해서 만들어진 책의 한 부분을 우리는 지금 맛보고 있는 것입니다. 그래도 집에서 틈나실 때마다 천천히 읽는다면 강의를 한 번도 듣지 않은 사람보다는 이해하기가 좀 더 쉬울 수 있으리라고 생각합니다. 이해하는 것으로 그칠 게 아니라, 거듭 말씀드립니다만, 여기서 가르치는 대로 한번 해보시는 것이 어떨까요? 우리가 머리로 아는 내용이 삶의 중요한 에너지로 작용해서 세상이나 사람을 보는 눈 또는 어떤 사건을 해석하는 방법에 변화가 있어야 진정한 마음공부를 한다고 할 수 있겠습니다. 이런 이야기 제가 참 많이 했지요?

대개 우리가 무슨 행동을 하면 그 행동이 그냥 나오는 게 아니잖아요? 우리가 어떤 행동을 할 때에는 그 전에 어떤 생각을 이미 한 것입니다. 생각했기 때문에 나중에 행동하는 거예요. 여기서 여러분과 제가 이렇게 만나는 것도 하나의 작은 사건인데요, 이 사건도 갑자기 하늘에서 뚝 떨어진 것이 아닙니다. 신앙인 아카데미 실무자들 가운데 어느 분이 《바가바드기타》 강좌를 열었으면 좋겠다고 생각했을 거예요. 누군지 모르지만 그런 생각을 했고, 그 생각을 옆에 있는 사람들에게 털어놓았겠죠. "이 아이디어 어때?" 그랬지요? 거 봐요, 그랬잖아요. 그러면 누구를 강사로 모실까? 그러다가 이 아무개 목사, 만만하니까…….(웃음) 아무튼. 이렇게 계속 생각을 했겠지요. 생각은 보이지도 않고 잡히지도 않습니다. 하지만 보이지도 않고 잡히지도 않는 그 생각이 발설되어 사람들에게 전파되면서 공감대가 형성되는 거예요. 한 사람의 생각이 여러 사람의 생각으로 발전하는 겁니다. 생각에는 힘이 있어요. 그 생각의 힘이 마침내 이런 사건을 만들어 낸 것입니다. 처음 이 강좌를 생각해 낸 분이 누군지 모르지만, 우리는 지금 그 사람 생각에 놀아나고 있는 거예요.(웃음) 그래서 〈히브리서〉에 "눈에 보이는 것은 보이지 않는 것에서 나왔다"는 말씀이 있지요. 사실 그래요. 우리 눈에 보이는 모든 사건의 현상은 보이지 않는 마음에서 나온 거예요. 일체유심조(一切唯心造)라, 모든 것이 다만 마음에서 만들어진 것이라고 하잖아요? 중국혁명이나 러시아혁명도 그랬어요. 뜻이 먼저 있고 그 뜻이 세상에 드러나면서 사건이 만들어지는 것입니다.

자, 그럼 그 생각은 또 어디에서 오는 것일까요? 저는 인간의 모든 생각이 자기가 누구인지를 아는 데서 온다고 봅니다. 자기가 누구인지에 대한 앎이 그 사람의 생각과 행동을 결정짓는다고 보는 거예요. 우리가 '앎'이라고, '깨달음'이라고 부르는 것에도 종류가 많습니다. 아, 오늘 알았다. 무얼 알았어? 저 아이하고 놀면 손해더라. 이런 것도 일종의 깨달음이지요.

이렇게 헤아릴 수 없이 많은 깨달음들 가운데 가장 근본적이고 중요한 깨달음이 자기가 누구인지를 아는 것이라는 애깁니다. 왜냐하면 내가 누군지를 아는 데서 나의 모든 생각과 행동이 나오거든요. 자기의 정체를 아는 것이 그렇게 중요한 거예요. 자기가 누구의 아버지인 줄 알면 아버지로서 마땅한 행동을 하고, 자기가 누구의 친구임을 알면 친구로서 합당한 행동을 하겠지요. 그러기에 자기가 누구인지를 아는 것만큼 중요한 앎이 없다고 봅니다. 문제는 사람들이 자기 정체를 잘못 알고 살아가기가 쉽다는 점이에요. 자기를 잘못 알면 잘못된 생각이나 행동이 나오겠지요? 물론 제대로 자기를 알면 제대로 된 생각이나 행동이 나올 테고요. 그래서 깨달음을 추구하는 사람들은 자신의 정체를 끊임없이 묻고 또 묻는 것입니다. 그리스도교의 언어로 말해서, 자기를 아는 것은 곧 하느님을 아는 것과 그 내용이 같다고 저는 생각합니다. "자기가 누구인지를 아는 것은 곧 하느님을 아는 것이다." 이렇게 말해도 되는 거예요. 모든 그리스도인의 궁극적인 목표는, 바울로 성인의 말씀을 빌려서, "그리스도를 알고 그리스도와 함께 고난을 당하고 그리스도와 함께 죽고 그리스도와 함께 사는" 데 있다고 하겠습니다. 바울로에게는 그것이 인생의 목표였어요. 그분이 여러 곳에 순회 전도를 하면서 교회도 많이 세웠지만, 그 모든 행위의 궁극적인 목표는 한 교회라도 더 세우고 교인 하나라도 더 만드는 데 있지 않고, 오직 "그리스도를 알고 그리스도와 함께 살고 그리스도와 함께 죽고 그리스도와 함께 영원히 사는 것"에 있었습니다.

그리스도를 아는, 그것이 그리스도인인 우리의 인생 목표인 거예요. 그것을 다른 말로 하면, '참 내가 누구인가?'를 아는 것과 같다고 할 수 있습니다. 예수님은 우리에게 내가 포도나무고 너희는 그 가지라고 하셨지요. 그러니, 내가 그리스도를 아는 것은 곧 포도나무 가지 하나가 포도나무를 아는 것과 같다고 하겠습니다. 내 머리카락이 나를 아는 것과 같은 거예요.

사람이 자기 정체를 제대로 알 때에 비로소 제대로 된 생각, 제대로 된 행동이 나오는 것입니다. 반면에 자기 정체를 잘못 알면 엉뚱한 행동을 할 수밖에 없겠지요.

전에 시골에서 작은 교회를 섬길 때입니다. 한번은 성

경 공부를 하는데, 예수님이 드는 비유 가운데 어떤 사람이 예리고로 내려가다가 강도를 만나 죽게 되었는데 제사장이 보고서 그냥 지나가고 레위 사람도 보고서 그냥 지나가고 사마리아 사람이 그를 돌봐 주잖아요? 그 대목을 읽고 제가 질문을 했어요. 앞의 두 사람은 강도 만난 사람을 보고서 그냥 지나갔는데, 왜 세 번째 사람은 그냥 안 지나갔을까? 왜 이 사람은 강도 만난 사람을 도와주었을까? 한번 생각해 보자고 했지요. 성경에는 그것에 대한 설명이 없거든요. 번역자들이 보통 '착한 사마리아 사람'이라고 제목을 붙였지만 본문엔 착하다는 말이 없어요. 성경에 설명이 없으니까, 각자 생각해 보는 거지요.

답이 나오는데 얼마나 재미있는지, 저마다 자기 머리로 생각하는 거예요. 장로님이 한 분 계신데 삼십 년 가까이 새벽종을 치신 분이에요. 새벽종을 치는 것이 당신 신앙의 전부이다시피 해서 아주 자부심이 대단하신 분인데, 그분 대답이 걸작이었어요. "그 사마리아 사람 아마 새벽기도 한 번도 안 빠진 사람일 거요."(웃음) 다른 어떤 분은 아마 그 사람 천성이 착한 사람일 거라고 했지요. 돌아가며 자기 생각들을 말하는데, 맨 앞에 중학생이 눈을 반짝이면서 쳐다보기에, 너는 어떻게 생각하니? 물었더니, 이 친구하는 말이, "제 생각에는 그 사람을 이래 보니까요, 잘 아는 사람이었던가 보죠."(웃음) 그럴듯하잖아요? 아는 사람이 죽는데 어떻게 그냥 지나갑니까? 더군다나 그 사람이 자기 형이나 동생이나 친척쯤 되었으면 그냥 못 지나가지요. 그 친구 대답에 깜짝 놀랐어요. 아, 성령께서 오시어 너를 통해 기가 막힌 성경 해석을 하시는구나. 그렇습니다. 왜 앞에 두 사람은 그냥 지나간 것일까요? 마음이 고약한 사람이라서? 아니에요. 그 사람들 눈에는 쓰러져 죽어가는 사람이 남으로 보인 겁니다. 남이에요 남, 타인이라고요. 그런데 이 세 번째 사람한테는 그가 타인이 아니라 아는 사람이란 말입니다.

그러니까 우리 행동은 상대를 어떻게 보냐에 따라 결정되는 거예요. 우리가 만일, 저 사람이 나와 다른 이념을 가졌고 생각도 다르지만 내 형제라는 생각을 더 강하게 가졌다면 전쟁은 못하는 거예요. 차마 죽일 수 없는 거예요. 그런데 우리가 눈 하나 깜짝 안 하고 폭탄을 떨어뜨려 수많은 사람을 죽이고, 그것도 모자라서 통쾌한 기분을 느낀다면 그 사람이 전혀 나와 상관없는 타자로 보였기 때문에 그런 것 아니겠어요? 그가 나와 한 핏줄이라는 분명한 의식이 있다면, 어떻게 차마 그런 짓을 할 수 있겠습니까?

보세요. 인식이 행동을 결정한다니까요. 내가 어떻게 인식하느냐에 따라서 거기에 맞는 행동이 나오는 거예요. 예수님이 내가 세상에 온 것은 보지 못하는 자들을 보게 하기 위해서라고 하셨지요. 이게 무슨 말씀이겠어요? 제대로 보게 하기 위해서라는 겁니다. 그러면 제대로 본다는 것은 또 무슨 뜻일까요? 이 세상에 존재하는 모든 사람이 나와 한 형제 한 자매라는 것을 아는 것이지요. 머리로 아는 것만 가지고는 부족해요. 가슴으로 알지 못하면, 머리는 힘이 없어서 가슴이 시키는 대로 하거든요. 그래서 상대를 죽일 수 있지만, 온몸으로 그 진실을 알면 죽일 수 없는 거예요. 어머니가 자식을 해코지할 수 없는 것처럼.

앞에서 우리가 하느님을 아는 것은 내가 누구인지를 아는 것과 같은 내용이라고 말씀드렸는데요, 내가 누구인지를 알면 저 사람이 누구인지도 아는 겁니다. 내가 하느님의 딸이고, 하느님의 아들이라는 것을 정말 안다면 그 사실은 무엇을 의미하는 것일까요? 저 사람도 나와 함께 하느님의 딸이고, 하느님의 아들이라는 것을 아는 것이지요. 하느님을 안다는 것은, 그것은 머리로 아는 것이 아니라 몸으로 아는 것인데, 다시 말해 하느님과 통한다는 것이고요, 더 깊이 들어가면 하느님과 통하는 정도가 아니라 하나가 되는 것입니다.

그래서 신비주의자들은 신과의 합일을 이야기하지요. 마이스터 에크하르트(Meister Eckhart)라는 중세의 유명한 신비 사상가는 이런 말을 합니다. "하느님과 나 사이에 하느님도 없으면 좋겠다." 무슨 뜻일까요? 내가 생각하는 하느님, 내가 아는 하느님, 내 머리 속에 담겨 있는 하느님, 그 하느님이 하느님과 나 사이를 가로막는단 말 아닌 가요? 하느님에 대해 아는 모든 지식과 개념이 남김없이 사라져야 나와 하느님의 합일이 이루어지는 거예요. 그래 서 모든 구도자가 하느님과의 합일을 궁극의 목표로 삼는 데, 하느님과 하나가 되는 것은 곧 존재하는 모든 것과 하 나가 되는 것이지요. 그러면 저절로 아무도 해코지할 수 없는 거예요. 내 손이 내 발을 해롭게 하거나 죽일 수 없 잖아요?

강도를 만난 사람이 잘 아는 사람이니까 못 본 척 지나 가지 않았을 것이라는 중학생의 대답이 저로서는 아주 신 선하게 느껴졌어요. 앎이 이렇게 중요한 거예요. 어떻게 아느냐에 따라서 모든 것이 결정되는 겁니다. 어떤 사람 을, 나를 죽이려 하는 적으로 알면 그를 죽이는 데 양심의 가책은커녕 오히려 죽이는 게 당연하다고 여기겠지요. 반 대로 그가 적으로 안 보이고 형제로 보인다면 차마 죽일 수가 없는 거예요. 무엇을 제대로 안다는 것이 얼마나 중 요합니까? 종교란 우리로 하여금 잘못 알았던 것을 끊임없이 깨치면서 제대로 알게 하는 스승의 가르침이라고 하겠습니다.

이제 《바가바드기타》 이야기를 해야겠어요. 내가 뭘 배우고 싶어요. 그러면 어떻게 합니까? 자, 내가 요리를 배우고 싶어요. 그러면 요리 잘하는 사람한테 가겠지요. 철학 박사한테 가 봤자 소용없어요. 혹시 어쩌다 철학 박사가 요리를 잘하면 또 몰라도.(웃음) 도자기를 굽고 싶으면 도공한테 가야지 피아니스트한테 가면 아무 소용없습니다. 어쨌거나 그 방면에 최고의 사람을 찾아가는 게 상책이에요. 선생도 질이 여럿이거든요.

종교적 깨달음에서도 제일 중요한 것은 선생을 제대로 만나는 거예요. 그게 사람이 누릴 수 있는 가장 큰 행운이라고 저는 봅니다. 그래서 우리 그리스도교 신자에게는 예수라는 분이 선생으로 오셨지요. 우리를 가르치러, 우리의 눈을 열어 주러 오셨단 말입니다. 얼마나 고마운 일입니까? 나를 따라오너라, 내가 너를 사람을 낚는 어부로 만들겠다. 베드로에게 그러셨죠. 그게 무슨 말입니까? 무슨 약속입니까? 나를 따라오너라, 그러면 네가 사람 낚는 어부가 될 것이다. 이런 약속이 아니에요! 내가 너를 그렇게 만들겠다는 겁니다. 아, 처음 이 이야기 읽었을 때에 저는 얼마나 기분이 좋았는지 몰라요. 가만히 있어도 돼요. 당신이 그렇게 하시겠다는데, 그분이 나보다 훨씬 세거든요. 그거 안 될 수가 없단 말이에요. 당신이 우리를, 새로운 눈으로 세상을 보는 사람, 가치관이 바뀐 사람, 돈을 위주로 살던 사람에서 사람을 위주로 사는 사람으로 바꾸어 놓겠다는 겁니다. 그렇게 약속하신 것에서 그치지 않고, 내가 하늘로 돌아가면 너희에게 성령을 보내어 진리를 가르쳐주겠고 그러면 너희가 진리를 알 텐데, 그때에 너희가 나처럼 자유로운 존재가 될 것이다. 이런 약속을 하셨잖아요? 얼마나 고마운 일입니까! 이만큼 우리에게는 예수가 어떤 분이신지를 아는 것이 굉장히 중요하지요.

마찬가지로 아르주나에게 가르침을 베푼 크리슈나가

어떤 존재인지를《바가바드기타》도 여러 가지로 설명합니다. 여기서 크리슈나가 어떤 분인가 하면, 이분은 아르주나뿐만 아니라 모든 이에게 불멸의 요가를 가르치러 오신 분이지요. 195쪽을 보십시오.

> 나는 이 불멸의 요가를 비바스반에게 가르쳤노라. 비바스반은 그것을 마누에게 전했고 마누는 이크슈바쿠에게 전했노라. 오 파란타파여. 이렇게 전해 내려오면서 훌륭한 현자(賢者)들이 그것을 배웠도다. 그러나 오랜 세월이 흐르는 동안 그것은 이 세상에서 스러져 갔느니라. – 4장 1,2절

그러니까 이분이 세상에 무엇 하러 왔느냐 하면 불멸의 요가를 가르치러 오신 분이라는 겁니다. 불멸의 요가가 무엇이냐? 그것은 소멸되지 않는 수행의 길입니다. 그리스도교의 언어로 말하면 '구원의 도'라고 할 수 있겠지요. 그것을 가르쳐 주고자 왔다, 신과의 합일로 가는 길을

보여 주고 가르쳐 주고자 왔다는 거예요. 신과의 합일, 그것을 다른 말로 하면 곧 존재하는 모든 것과 하나로 됨입니다. 존재하는 모든 것과 하나로 됨, 그게 바로 신과의 합일이지요. 어떤 선사(禪師)가 이런 시 구절을 남기셨죠. 여러분도 잘 아실 거예요.

> 천지여아동근(天地與我同根)이요 만물여아일체(萬物與我一體)라.
> 하늘과 땅이 나와 같은 뿌리고 만물이 나와 한 몸이다.

이 말이야말로 그리스도교 언어로, "하느님과 하나 됨을 체험한" 사람이 내뱉을 수 있는 말이에요. 전설에 따르면 석가모니가 태어나자마자 일곱 발자국을 걸어서 유명한 말을 했다지요. 천상천하유아독존(天上天下唯我獨尊)이라. 하늘 위를 보아도, 하늘 아래를 보아도 오직 나 하나 존귀할 뿐이다. 그 '나'가 누구입니까? 천지와 만물이 자기와 하나임을 깨친 나지요. 나무를 보아도, 구름을 보아도, 그 모두가 나의 다른 모습들인 거예요. 그냥 머리만 가지고 생각해 봅시다. 머리로라도 자꾸 하다 보면, 뭐가 잦으면 뭐가 나온다고,(웃음) 계속 그 생각을 하면 가슴으로 젖어 드는 거예요. 그렇게 돼 있어요. 그걸 기대하고, 믿고, 차근차근 자꾸 생각을 하는 겁니다. 물을 마실 때에는 물을 마신다고 생각하지 말고 내가 나를 마신다고 생각하는 거예요. 천지여아동근(天地與我同根)이요, 만물여아일체(萬物與我一體)니까. 물과 나는 한 몸이니, 내가 나를 마시는 겁니다. 실제로 내가 물을 마시는 순간 물이 내 몸과 하나로 되었잖아요? 먹는 순간 본연의 모습으로 되돌아간 거지요. 우리가 무엇을 먹는다는 게, 그게 참 굉장한 사건입니다. 우리가 무엇을 먹든지 목구멍으로 삼키는 바로 그 순간 그것이 우리가 되는 거예요. 돈가스를 먹으면 돈가스는 없어지고 내가 되어 버린 거지요. 그러니까 예수님이 "나를 먹어라"고 하신 것은 사실 기가 막힌 이야깁니다. 이제 너와 내가 따로 놀지 말고 하나로 되자. 이런 이야기 아니겠어요?

그런데 이게 어떻게 해서 하나로 되느냐 하면, 원래 하나기 때문에 하나로 될 수 있는 거예요. 본디 둘이면 세상이 깨져도 하나로 될 수 없습니다. 본디 하나예요. 그래서 하나로 될 수 있는 겁니다. 우리가 남북통일하자고 말하잖아요? 원래 하나이기 때문에 통일하자는 거예요. 우리가 중국과 통일하자고 안 하잖습니까?(웃음) 물과 내가 본디 하나기 때문에, 그래서 내가 물을 마실 수 있는 거지요. 이 진실을 머리만 아니고 온몸으로 안다고 생각해 보세요. 어떻게 함부로 어떤 사람을 욕하고 비난하고 우습게 볼 수 있겠어요? 누구를 능멸하는 것이 바로 자기를 능멸하는 것인데. 저 사람을 때리면 내가 아픈데 어떻게 누구를 능멸하고 때릴 수 있느냔 말씀입니다. 머리로는 이해가 되지요? 계속 그렇게 생각하고 살다 보면 아, 과연 그렇구나, 하고 몸으로 느껴질 때가 올 것입니다.

이런 깨달음을 얻은 사람들이 지금 한바탕 노래를 하는

거예요. 이런 사람은 어딜 가나 거기가 고향이지요. 타향이 따로 없단 말입니다. 아무 델 가도 거기가 아버지의 집인 거예요. 그러니까 두려울 게 없지요. 뭐가 두려워요? 지금 있는 곳이 바로 아버지의 집이고, 아버지의 품인데.

어떤 수도승이 큰스님한테 "너무나 두려워서 잠을 못 자겠어요"라고 했다지요. 큰스님이, 여기가 바로 부처님 손바닥이고 모든 것이 네 집안일인데 무엇이 두려우냐고 친절하게 일러 주셨답니다. 모든 일이 우리 집안일이에요. 새삼 두려워할 게 뭡니까? 그런데 그걸 모르면 두려운 거예요. 보세요. 같은 배를 탔는데, 풍랑이 일었어요. 배가 뒤집어지려고 합니다. 제자들은 겁에 질렸지요. 그 사람들은 파도와 싸우면서 잔뼈가 굵은 사람들이에요. 예수님은 목수 아들이지만, 베드로를 위시해서 다른 제자들은 배를 타던 사람들입니다. 바다에서 뼈가 굵은 사람들이에요. 겁이 나면 예수님이 더 겁이 나야죠. 그런데 예수님은 어떻게 하셨던가요? 쿨쿨 주무시지 않았습니까? 제자들은 두려움에 떨었지요. 하루는 그 성경 구절로 묵상하다가 선생님께 여쭈어 봤어요. 왜 똑같은 상황인데 선생님은 쿨쿨 주무시고 제자들은 두려움에 빠졌습니까? 왜 같은 상황인데 제자들은 불안에 떨고 선생님은 평안하십니까? 이 차이가 어디에서 오는 겁니까? 선생님께서는 그게 바로 깨어 있는 자와 잠든 자의 차이라고 말씀하시는 거예요.

"아, 잠자면 평안한 겁니까? 깨어 있으면 불안하고요?"

"그 반대다. 깨어 있으면 평안하고 잠들어 있으면 불안하다. 그때 그 배에서 모두 잠들어 있었고 나 혼자 깨어 있었다."

"여기 성경에는 선생님 혼자 주무시고 다들 깨어 있었는데요?"

"내가 말하는 깨어 있음이란, 육신의 눈을 뜨고 있는 것이 아니라 보이지 않는 하느님을 의식하고 여기가 바로 하느님의 품이라는 진실을 아는 것이다. 다르게 이야기하면 세상에 대해서가 아니라 하느님에 대해서 알고 있고 깨어 있는 것, 그게 깨어 있는 것이다. 난 거기가 내 아버지 품임을 알고 있었다. 그렇기 때문에 평안했다. 그러나 제자들은 미처 거기까지 모르고 거기가 바람 사나운 파도였다고 생각했다."

〈시편〉에 아름다운 시가 있잖아요?

하늘에 올라가도 거기에 계시고
지하에 가서 자리 깔고 누워도 거기에도 계시며,
새벽의 날개 붙잡고 동녘에 가도,
바다 끝 서쪽으로 가서 자리를 잡아보아도
거기에서도 당신 손은 나를 인도하시고
그 오른손이 나를 꼭 붙드십니다.

하느님이 아니 계시는 곳이 없다는 진실을 바로 알면, 비록 파도가 치고 전쟁이 일어나 총알이 빗발친다 하더라도, 거기가 우리를 사랑하시는 아버지의 품이라는 사실을 알면 뭐가 두렵겠어요? 무엇을 바로 안다는 것이 이토록 중요합니다.

여기서 크리슈나는 바로 불멸의 요가, 다시 말해 신과의 합일을 이룰 수 있는 그 길을 가르쳐 주러 왔다는군요. 예수님은 무엇 때문에 이 땅에 오셨습니까?

"나를 아는 자는 아버지를 안다. 나를 본 것은 아버지를 본 것이다."

무슨 말씀입니까? 나는 신과 하나 되는 길을 가르쳐 주고 보여 주려고 왔다. 이렇게 말씀하신 것이라 볼 수 있겠지요. 그런데 신과 하나 된다는 말도 실은 어폐가 있어요. 신과의 합일은 신과의 분리가 전제된 거지요. 신에게서 떨어져 있다는 전제가 깔린 거예요. 우리 쪽에서 보면 그렇게 생각할 수 있을지 몰라. 그러나 하느님 쪽에서 보면 무엇과의 분리란 있을 수 없는 겁니다. 나는 아버지를 등지고 떠났지만, 아버지에게 나는 여전히 품 안의 아들이라는 말입니다. 신과 하나 된다는 것은 하느님과 내가 본디 떨어질 수 없는 사이임을 새롭게 깨닫는 것이지요. 역

158

시 또 깨달음의 문제로 돌아옵니다. 그리고 이 앎이라고 하는 것은 머리로 아는 지식의 차원이 아니라 몸으로 아는 것이기 때문에 곧 그렇게 사는 것이지요. 그러므로 하느님과 합일을 이룬다는 것은 곧 존재하는 모든 것과 내가 하나라는 사실에 근거해서 살아가는 것입니다. 타(他)가 없어요. 남이 없다고요. 예수께서 우리에게 그 길을 가르쳐 주고자 오셨다는 말씀입니다.

그런데 여기 보니까 그 불멸의 요가를 비바스반에게 가르쳤다고 하는군요. 195쪽 아랫부분입니다.

> 같은 태고(太古)의 요가를 오늘 내가 그대에게 가르쳤노라. 이는 그대가 나를 예배하는 자요 또한 나의 벗이기 때문이니, 이것이야말로 지고(至高)한 신비로다. - 4장 3절

옛날에 누구누구에게 가르쳤던 바를 오늘 내가 너에게

가르치고 있다. 왜냐하면 네가 나를 예배하는 자이기 때문이다. 재미있지요? 이 비밀, 내가 누구인지를 알고 하느님이 누구인지를 알려면 자격이 있어야 돼요. 아무에게나 그런 깨달음을 얻을 자격이 있는 게 아니라고요. 누가 그런 가르침을 받을 수 있느냐 하면 그를 섬기고 예배하는 사람이라야 한다는 겁니다. 세상에 아무리 지혜로운 사람도 못 가르치는 사람이 있어요. 소크라테스 선생이 살아서 오셨더라도 스스로 안다고 하는 놈은 못 가르칩니다. 내가 당신에게 배우겠다고 겸허하게 무릎 꿇지 않는 사람은 아무리 탁월한 선생도 가르칠 수가 없는 거예요.

예배하는 마음으로, 무릎 꿇는 마음으로 신에게, 스승 앞에 나온 사람만이 배울 자격이 있는 겁니다. 아르주나가 크리슈나를 자기 전차의 마부로 세웠잖아요? 내 몸을 수레로 보면 내 몸을 운전하는 운전자로 모셨단 말입니다. 다시 말하면 당신이 이끄는 대로 나는 가겠습니다. 그런 태도가 되어 있는 거예요. 우리가 만일 예수님께 무언가를 정말로 배우고 싶다면, 첫 번째 전제 조건이 당신이 이끄시는 대로 가겠습니다. 거기가 지옥이라도 가겠습니다. 당신이 가르쳐 주는 대로 하겠습니다. 그런 겸허한 제자의 자세가 되어 있어야 한다는 그런 이야기예요.

논어를 보면 공자님도 생선 열 마리인가를 가져온 사람들에게는 가르쳐 주기를 거절하지 않으셨다고 했지요. 그 이야기를 거꾸로 읽으면 생선 열 마리 안 가져오는 놈에게는 안 가르쳤다는 이야기예요. 제자로서 최소한의 예의를 갖추고 배우겠다는 자세를 가진 사람만 가르쳤다는 겁니다. 지나가는 사람 붙잡고 당신 이거 안 배우면 크게 손해 볼 거야, 이렇게 공갈치면서 가르치지 않았다고요. 한창 바쁜데 성경 말씀 알아야 한다고 길 가는 사람을 붙잡고 그런단 말입니다.(웃음) 열정은 좋지만, 그게 그런 게 아니지요. 와서 배우겠다는 마음이 먼저예요. 우리가 무엇을 배우려면 배우려는 마음의 자세가 되어 있어야 배울 수 있다는 그런 이야기입니다.

그런데 아르주나가 여기에 대해서 이의를 제기하는군

요. 196쪽을 보십시다.

주인님이시여, 비바스반은 주인님보다 훨씬 먼저 태
어난 사람이옵니다. 주인님께서 그것을 태초에 가르
치셨다는 말씀을 제가 어떻게 알아들어야 하겠나이
까? - 4장 4절

비바스반이 어느 시대 사람인지 연구해 보지 않아 잘
모르겠습니다만, 어쨌든 아르주나가 지금 상대하는 크리
슈나보다는 아주 옛날 사람이란 말이지요. 그 사람을 자
기가 가르쳤다니까 이해가 안 가는 거예요. 예수님이, 아
브라함이 나 보기를 기다렸다고 말씀하시니까, 사람들이
아, 이제 쉰 살도 안 되신 분이 어떻게 그런 말씀을 하십
니까, 그랬지요? 나아가서 당신이 아브라함보다 먼저 있
다고, 말 그대로 점입가경이지요. 눈에 보이는 것밖에 못
보는 사람들이 어떻게 그 말을 알아들을 수 있겠어요? 당
신이 조상보다 먼저라는 예수님 말씀에, 아 그렇구나! 무

룰을 치면서 깨닫는 사람은 정말 행복한 사람입니다. 거기서 예수님을 정말로 만나는 거예요.

하지만, 아르주나로서는 이런 질문을 할 만하지요. 지금 여기 있는 사람이 몇 백 년 몇 천 년 전 사람을 가르쳤다니 이게 무슨 말입니까?

그의 질문에 크리슈나가 대답합니다.

> 오 아르주나야. 그대와 나는 많은 생애를 통과하였느니라. 오, 파란타파야. 나는 그것을 알고 그대는 모르느니라. – 4장 5절

힌두교 기본교리 가운데 하나가 윤회인 걸로 저는 알고 있습니다. 요새 환생에 대한 이야기들이 많이 나오더군요. 그리스도교 신자 가운데 그것은 이단이고 속임수라고 경계하는 분들이 많은 것 같은데, 할 수 없지요. 두려운 걸 어찌 합니까?

어쨌거나, 지금 크리슈나는 말하기를, 나는 그 비밀을

알지만 너는 그 비밀을 모르거니와, 자기는 시공을 초월한 존재라는 거예요. 나아가서, 실은 나만 그런 게 아니라 너도 그렇다는 이야기입니다. 그런데 아르주나는 그것을 모르고 자기는 안다는 거죠. 예수님이 그러시잖아요? 나는 어디에서 와서 어디로 가는지 알지만, 너희는 어디에서 와서 어디로 가는지 모른다. 어디서 왔는지를 안다는 말은 자기가 이 세상에 태어나기 전의 그 까마득한 생을 다 안다는 말입니다.

　우리는 눈에 보이는 것으로만 판단하니까 예수님이 아브라함을 가르쳤다는 말씀이 이해가 안 가는 거예요.

> 나의 본질(essence)은 태어나지도 않고 소멸되지도 않거니와 나는 모든 존재의 주인이면서 오히려 내 본성(nature)을 통제하여, 나의 신비로운 능력으로 세상에 태어났느니라. – 4장 6절

　그분의 본질은 태어나지도 않고 소멸되지도 않는데, 태

어나지 않았으니까 소멸되지도 않지요. 태어났으면 소멸
되는 것입니다. 태어나면 죽는 거예요. 그런데 자기는 나
지 않았으니까 죽지도 않는다는 겁니다. 그것이 당신의
본질이라는 거예요. 그러나 그분은 자신의 본성을 다스릴
수 있지요. 그래서 자신의 능력으로 이 세상에 태어났다
는 거예요. 왜 태어났느냐 하면 아까 말씀드렸듯이 우리
사람들을 가르치려고 이 세상에 태어났다는 겁니다. 시공
을 초월한 존재인 스승이 사람의 몸을 입고 온 거예요. 그
것을 화신(化身)이라고 하는데요, 〈요한복음〉에서도 말
씀이 육신을 입고 오신 분이 예수라고 하지요. 스승이 사
람의 모양을 하고 온다, 사람의 몸으로 태어난다. 언제?

옳은 것이 기울어지고 그른 것이 힘을 떨치는 그런
때마다, 오 바라타여, 나는 태어나느니라. – 4장 7절

지상에서 옳은 것이 기울어지고 그른 것이 힘을 떨치
는 그런 때에 신이 인간의 모양을 하고 온다는 것입니다.

그러니까 우리는 걱정할 것 없지요. 옳은 것이 기울어지고 그른 것이 힘을 떨치는 게 더 극심하면 할수록 희망이에요. 그때 선생님이 우리를 가르치러 오신다는 이야기니까요.

이 구절을 읽으면서 간디 선생이 하신 말을 들어 보십시오. "이 구절에서 스리 크리슈나는 전 세계를 향해 안전을 보장했다."

그래요. 그러면 그분이 왜 오는가?

> 의로운 자를 구하고 악한 자를 멸하고 의(義)를 다시 세우기 위하여 나는 세대에서 세대로 태어나느니라. - 4장 8절

의로운 자를 구하고 악한 자를 멸하고 의를 다시 세우기 위하여 세대에서 세대로 태어난다고 했는데, 힌두교교리에 따르면, 만약에 신이 나타나서 사악한 자를 멸하고 의로운 자를 세우는 그러한 '행위'를 한다면 신 역시

카르마의 사슬을 벗어나지 못하는 거예요. 신은 그런 짓을 하지 않는다는 겁니다. 그럼 어째서, 의로운 자를 구하고 악한 자를 멸하고 의를 다시 세우기 위하여 세대에서 세대로 태어난다고 말하는 걸까요?

203쪽 중간을 보면, "죄가 담긴 항아리는 어느 날 깨어지기 마련"이라는 말에 이어, "신이 하늘에서 내려와 사악한 자들을 파멸시킨다면, 그렇다면 그도 우리처럼 무지의 지배 아래 있는 것이다. 그러나 그런 일은 있을 수 없다. 만일 우리가 신의 법을 진정으로 믿고 또 이해한다면, 사악한 자들이 자기네 죄로 말미암아 파멸되는 줄을 확실히 알게 될 것이다"라고 했어요.

바로 이겁니다. 신의 심판이란, 신의 법에 의해서 사악한 자들이 스스로 자기를 심판하는 거예요. 복음서를 보면 예수님이 나는 세상을 심판하러 온 것이 아니라고 하시지요. 만약 누가 파멸을 당한다면 그것은 나(예수)로 말미암아 파멸을 당한 것이 아니라, 내가 말한 복음에 의해서, 그가 그것을 받아들이지 않았기 때문에 스스로 파멸하는 것이라는, 그런 말씀입니다. 불의한 자가 스스로 파멸의 길을 가는 거예요. 그게 신의 행위의 법칙이지요. 다시 말해, 아무것도 하지 않으면서 모든 것을 한다는 이야기입니다. 누구도 심판하지 않는데 빈틈없는 심판이 이루어진다. 굳이 말한다면 그런 거예요. 그래서 저는 최후의 심판을 믿습니다. 자기가 자기를 심판하기 때문에 틀림없어요. 어떤 심판자가 있어 사람들을 심판하는 것이 아니라 자기가 자기를 심판하는 겁니다. 그렇게 해서 악행을 저지른 사람은 거기에 합당한 길로 갈 것이고, 그렇지 않은 사람은 거기에 합당한 길로 갈 것이고, 그런 거예요.

여러분이 아무리 악행을 많이 저질렀어도 겁내지 마십시오. 제가 못된 놈입니다. 정말로 잘못했습니다. 용서하십시오. 한마디만 하면 돼요. 그러면 용서를 받거든요. 얼마나 기쁜 소식입니까? 기가 막힌 복음이지요. 이것을 믿지 않고 다들 왜 그리 두려워하는지 모르겠어요. 정말 두려워할 일이 없습니다. 생각해 보십시오. 자녀를 가지고 계신 분들, 아주 못된 자식인데 어느 날 눈물을 흘리면서,

용서해 주세요, 그러면 용서 안 하실 겁니까? 너 때문에 내가 얼마나 속이 상했는데, 아직 멀었어, 너 골탕 좀 먹어 봐.(웃음) 인간의 아비도 그렇게는 하지 않을 거예요. 그런데 사랑 자체이신 하느님께서 잘못했다고 용서를 비는 자식의 여죄를 끝까지 추궁해 마침내 그를 심판하시겠습니까? 그럴 리가 없지요.

누구든지 하느님을 향해서 당신은 내게 이런 분이라고 고백하면, 하느님은 그에게 그런 분이십니다. 자기가 믿는 대로, 하느님을 무한히 자비하시고 무한히 용서하시는 분이라고 믿는다면 그런 하느님을 만날 것이고, 그분은 한번 잘못한 것은 지구를 열 바퀴 돌아서라도 반드시 갚는 분이라고, 그렇게 가차 없는 분이라고 생각하면 그런 하느님을 만나겠지요. 그러니까 어떤 하느님을 믿을 것인지 그것은 여러분 마음입니다. 아무도 강요하지 않아요. 좋도록 하십시오.

구약시대의 하느님은 공의로운 하느님이라 무척 엄격하시지요. 적군이라면 임신한 어미까지 다 죽입니다. 하지만, 예수님이 오셔서 하느님은 그런 분이 아니라고, 착한 사람에게나 착하지 못한 사람에게나 똑같이 비를 내려 주시는 분이라고 가르쳐 주시지요. 그래서 이게 복음이란 말입니다. 누구든지 그것을 받아들이고 그렇게 믿으면 무한히 자비로운 하느님을 만나겠지요. 모두 자기가 하는 거예요. 내가 어떻게 믿느냐에 따라 결정된다는 말씀입니다.

하느님을 그런 분으로 믿고 그렇게 받아들이면 그런 하느님을 모시는 거예요. 그러니 믿음이 얼마나 중요한 것입니까?

자, 이렇게 해서 신이 왜 세상에 오는지는 대강 설명되었고, 와서 어떻게 하는지에 대해서는 205쪽 중간에 간디 선생의 설명이 있습니다.

그러나 신이 여기서 분명하게 드러내는 사실은, 선(善)이 사멸되지 않는다는 것이 아니라 악(惡)이 반드시 사멸된다는 것이다. 악이 세계를 가득 채우고 있는 듯이 보일 때 신은 자신을 드러내어 사실은 악이 세계를 가득 채우고 있는 것이 아님을, 자신의 생명을 예로 들어서, 밝혀 보여준다. 악이 세상에 세력을 펼칠 때 신의 영감을 받은 어떤 사람들은, 그저 남보다 약간 더 선한 것 가지고는 충분치 못하며 마땅히 '타파스차리아(tapascharya)'를 실천해야 한다는, 사람들이 자기에게서 인간 안에 있는 신성의 완벽한 출현을 볼 수 있을 만큼 예외적으로 선해야 한다는 느낌을 가슴에 지니게 된다. 이렇게 해서 스리 크리슈나는 완전한 아바타르(avatar, 화신)로 사람들의 예배를 받게 된 것이다.

신이 사람 모습으로 와서 타파스차리아를 실천하여 악의 사멸을 보여 준다는 거예요. 타파스차리아는 진리를 실현하려고 자기를 죽이는 것입니다. 그게 사람 모습으로 온 신이 하는 일이라는 겁니다. 그는 선의 완벽한 출현이어야 해요. 보통 사람들보다 조금 더 착한 것 가지고는 안 된단 말이지요. 그 안에서 완벽한 신성이 드러나는 그런 존재여야 한다는 말입니다. 신성이 드러난다는 이야기는 빛이 드러난다는 말입니다. 온 세상이 어둠으로 꽉 차 있더라도, 사실 차 있는 것은 어둠이 아니라 빛이라는 것을 자기 몸으로 보여 준다는 거예요. 그렇게 되면 어둠은 스스로 제가 어둠이라는 게 발각되고 그로써 곧 없어지고 말지요. 사실 있는 것은 빛밖에 없어요. 어둠이라는 것은 처음부터 없는 겁니다. 단지 빛이 차단될 때에 어둠의 현상이 나타나는 거예요. 빛의 부재가 어둠이지, 어둠 자체가 존재하는 것은 아니란 말입니다. 이해가 되십니까? 빛이 무슨 일로 막히면 그게 어둠이에요. 빛을 막는 것만 없어지면 어둠은 없는 거예요. 불경에, "등불 하나가 천 년 어둠을 능히 없앤다〔一燈能除千年暗〕"는 말이 있어요. 그렇지요. 태곳적 동굴이 있다고 합시다. 거기는 빛이 못 들어가서 억만 년 어둠이 지배하는 곳이에요. 하지만 누가 그 안에 불을 밝히면 억만 년 지속된 어둠이 그 순간 없어지고 말지요. 어둠이란 그런 거예요. 실체가 없는 겁

172

니다.

　간디 선생이 비폭력 이야기를 하면서 이런 말을 하시지요. "우리는 비폭력으로 폭력을 쓰는 사람들의 정체를 세상에 드러내 보여 주어야 한다." 내가 똑같이 폭력을 쓰면 폭력을 쓴 사람의 정체가 세상에 드러나지 않아요. 내가 폭력을 쓰지 않고, 폭력을 쓰는 사람에게서 비굴하게 도망가지 않고, 비폭력으로 저항할 때에 비로소 폭력을 쓰는 사람의 정체가 세상에 드러나는 거예요. 간디 선생이 이런 말을 하셨지요. "머리를 보호하려고 비굴하게 고개를 숙이는 것보다는, 가슴의 진리를 지키려고 깨지는 머리로 곧추서는 게 낫다." 번역을 제가 좀 매끄럽게 못했습니다만, 비굴하게 고개를 숙여서 머리를 안 깨고 보호하는 것보다는 머리가 깨지더라도 뻣뻣하게 들고 일어나 저항하는 것이 훨씬 더 낫다는 말입니다. 비폭력은 절대 나약한 무엇이 아닙니다. 폭력을 쓰는 상대방의 정체를 드러내어 무력하게 만드는 거예요. 예수님이 오셨을 때에도 시므온이 예언하기를, 이 사람이 장차 이스라엘의 모든 묻혀 있는 것들을 밝혀 드러낼 것이라고 하지요.

빛이 하는 역할이 그런 것입니다. 감춰진 것을 드러내는 것, 보여 주는 거예요. 어둠은 드러나는 순간 무력해지지요. 쓸 수 있는 힘이 없는 겁니다. 어떤 사람이 비밀을 가졌다고 합시다. 그게 안 밝혀졌을 때만 그 비밀로 무슨 행세를 할 수 있는 거예요. 드러나 버리면 그 사람이 비밀을 가진 것이 아무 의미가 없는 것입니다. 비밀이라고 하는 것이 그래요. 그러니까 모든 것이 드러나면 곧 사라져 버리는데, 그게 어둠의 속성이지요. 이런 식으로 해서 그가, 말하자면 이 세상에 가득 찬 그릇된 것들, 어둠을 없애 버린다는 얘기입니다. 그게 스승의 존재라는 거지요.

크리슈나는 어두운 것이 흥하고 밝은 것이 기울어질 때에 온다. 왜, 무엇하러 오는가? 의로운 자를 살리고 불의한 자를 죽이려고 온다. 그 일을 어떻게 이루는가? 빛으로 어둠을 드러내는 방법으로 이룬다는 겁니다.

이런 스승이 끊임없이 세상에 온다는 사실이 얼마나 고마운 일입니까? 지금 우리에게는, 그리스도교 신자에 국한된 이야기입니다만, 이천 년 전에 오신 그리스도 예수가 바로 그분이지요. 따라서 우리에게 주어진 과제는 하나입니다. 그분을 어떻게 하면 우리의 진정한 스승으로 모시고 살 것인가, 이것이 우리의 진정한 과제인 거예요. 이천 년 전 유다 땅에 사셨던 나사렛 사람 예수가 아니라, 지금 이 자리에 우리와 함께 계시며 우리와 함께 살고 우리에게 말씀하시는 그 예수를, 우리를 친절하게 이끄는 그 예수를, 어떻게 우리의 스승으로 모시고 살 것인가? 이것이 우리의 과제입니다. 그것을 제대로 하라는 거예요.

《바가바드기타》도 그걸 말하고 있어요. 209쪽입니다. 읽어 볼까요?

욕정, 두려움, 분노에서 벗어나, 나로 가득 차고, 나에게 의존하고, 지식의 뜨거운 시련에 정련(精練)

됨으로써, 많은 사람이 나와 더불어 하나가 되었도다. – 4장 10절

그러니까 스승이 제자에게 하는 말이 나를 따라오라는 건데, 나를 따라오라는 말은 계속 따라가다 보면 어느 순간 스승과 하나 되는 경지에 이른다는 말입니다. 그때가 되면 그분이 우리에게 이렇게 이야기하겠지요. 이제는 나를 선생이라 부르지 마라. 너와 나는 형제다. 친구다.

〈복음서〉에, 내가 너희를 친구로 부르리라는 말이 있지요? 그게 그 말입니다. 이제 내가 너에게 가르칠 게 없어. 왜냐하면 너와 나는 하나니까. 거기에 이르는 것이 제자들의 목표라고 할 수 있겠지요.

"욕정과 두려움과 분노에서 벗어나, 나로 가득 차고……."

이 말은 스승으로 가득 찬다는 뜻입니다. 언젠가 바울로 성인이 그렇게 고백하지요. "이제는 내가 사는 것이 아니라, 내 안에 그리스도께서 사신다." 우리가 이런 고백을

진심으로 할 수 있어야 합니다.

　문제는 어떻게 그분과 하나가 될까, 이것입니다. 자나
깨나 그분을 생각하고, 그분의 뜻을 사모하고, 내가 어떻
게 하기를 바라시는지 그분의 뜻을 알아 그대로 하는 것.
이것이 곧 내 속에 그분이 가득 차는 것이지요.
　"나에게 의존하고……."
　의존한다! 이게 참 멋있는 말이에요. 어찌 해야 한다는
것을 번히 알면서도 몸이 말을 듣지 않을 때가 얼마나 많
아요? 분명히 참아야 한다는 걸 아는데 화가 나서 견딜 수
없단 말입니다. 숨은 헐떡거리고 마음은 마구 요동치는
거예요. 그럴 때 어떻게 하느냐? 그럴 때 나에게 의존하라
는 겁니다. 얼마나 좋아요? 전 요즘 이렇게 기도합니다.
"선생님, 지금 제 마음이 뒤죽박죽이에요. 죄송합니다만,
선생님은 저의 영원한 쓰레기통이니 이 더러운 마음을 있
는 그대로 받아 주십시오. 그리고 그것을 맑고 깨끗한 마
음으로 바꾸어 저에게 주십시오. 죄송합니다. 어둡고 착잡

한 분노에 젖은 이 마음을 고스란히 드리오니 잘 요리하셔서, 마치 인간의 온갖 오물을 다 받아들인 대지가 푸른 새싹과 맑은 샘물을 공급해 주는 것처럼, 제 마음을 그렇게 바꾸어 주십시오." 그분은 능히 그러실 수 있는 분이거든요. 신장병 환자들이 피를 거르잖아요? 그렇듯이 내 마음을 정화시켜 달라는 기도예요. 이 기도가 바로 '의존'입니다. 그분의 힘을 빌리는 거지요.

내 힘만으로 안 되니까 의존하고, "지식의 뜨거운 시련에 정련됨으로써……."

지식의 뜨거운 시련에 정련된다는 말은, 금이 뜨거운 용광로에 녹아서 정련되는 것처럼 온갖 고통, 어려움, 번뇌를 감수함으로써 내 마음이 정련된다는 의미가 아닐까 싶습니다.

"그래서 많은 사람들이 나와 더불어 하나가 되었도다."

이게 바로 《바가바드기타》가 말하는 카르마 요가입니다. 상키야 요가는 지식을 통해서 깨치는 것이고, 카르마 요가는 훈련이지요. 연습이에요. 삶을 통해서, 경험을 통해서, 행위를 통해서 끊임없이 이런 연습을 하는 겁니다.

이렇게 카르마 요가를 익힌 사람들은 어떤 모습을 하는 가? 본문으로 들어가 봅시다. 234쪽입니다.

> 그의 모든 행실이 욕망과 이기적인 목적에서 해방된 사람, 자신의 모든 행위가 지식의 불꽃에 타버린 사람, 그런 사람을 현자(賢者)는 '판디타(pandita, 자기를 실현한 사람)'라고 부르느니라. – 4장 19절

236쪽, 계속 읽어 봅니다.

> 행위의 결과에 집착하지 않는 사람, 언제나 만족하며 모든 의존에서 해방된 사람, 그 사람은 행위를 하지만 아무 짓도 하지 않는도다. – 4장 20절

행위의 결과에 집착하지 않는 사람, 많이 읽어 본 구절이지요? 우리가 《바가바드기타》를 공부하면서 이 말 한마

디라도 가슴에 새기고 살 수 있다면 참 좋겠습니다.

"행위의 결과에 집착하지" 않고, "언제나 만족하며……."

언제나 만족하는 거예요. 바울로 성인도 항상 감사하고 항상 기뻐하며 그렇게 말씀하시지요. 언제나입니다. 언제나! 내가 아주 무서운 병이 걸렸어도, 그래도 만족하라는 이야기예요.

"모든 의존에서 해방된 사람."

여기의 의존은 신에 대한 의존이 아니라 눈에 보이는 것들에 대한 의존을 말합니다.

"그 사람은 행위를 하지만 아무 짓도 하지 않도다."

이게 바로 무위(無爲)지요.

다음, 237쪽입니다.

> 아무것도 기대하지 않고 자기의 몸과 마음을 끊임없이 성찰하고, 모든 소유를 포기하고, 다만 그 몸으로

행위를 하는 사람. 그는 아무 오점(汚點)도 남기지 않느니라. – 4장 21절

넘어가서,

우연히 발생되는 모든 일에 스스로 만족하고 반대되는 양극(兩極)을 넘어 악한 뜻에서 자유롭고, 성공과 실패에 마음이 흔들리지 않는 사람은 행위를 하지만 그것에 얽매이지 않느니라. – 4장 22절

대개 마음공부를 제대로 한 사람과 그렇지 못한 사람의 차이를 일별해 볼 수 있는 방법이 뭐냐 하면, 뜻밖의 일이 발생했을 때 어떤 태도로 반응하느냐를 보면 알 수 있어요. 마음공부를 제대로 한 사람이라면 뜻밖의 일이 벌어졌을 때 크게 당황하지 않지요. 남을 원망하거나 화를 내지도 않아요. 자기가 계획한 일이 안 됐을 때에 화를 내지 않는다는 말입니다. 안 된 상황을 그대로 받아들이는 거

예요. 유연하다는 이야깁니다. 마음공부를 하면 그만큼 부드러워져요. 물이 흘러가는 것을 보십시오. 상황에 얼마나 여유롭게 대처합니까? 넓은 평야를 만나면 넓게 퍼지고, 좁은 골짜기를 만나면 좁게 흐르고, 각진 곳에서는 각진 모양을 하고, 둥근 곳을 만나면 둥근 모양을 하고 그러잖아요? 그러다가 뜨거워지면 수증기가 되어 하늘로 올라가고, 날씨가 추워지면 얼어붙기도 하고요. 상황에 당황하지 않고 잘 적응해 가는 거지요.

기온차가 심할 때 약한 사람이 감기에 걸리잖아요? 건강한 사람은 온도 차가 심해도 넉넉히 견딜 수 있어요. 몸이 부드러워서 그래요. 그러나 건강하지 못한 사람일수록 그 폭이 좁지요. 사상도 생각도 마찬가지예요. 건강한 생각으로 사는 사람은 낯선 사상이 와도 겁내지 않아요. 무언가 알아보자, 그러지요.(어디선가 휴대폰 벨이 울리자, 웃음) 전화벨이 울리는데 안 받고 그냥 있는 사람은 아주 대단한 사람이에요. 그게 무척 힘들어요. 사람들이 저런 신호에는 민감한데 자기 가슴을 두드리는 하느님의 신호에는 왜 이리 무딘가?(웃음) 이런 생각을 가끔 합니다.

한 줄만 더 읽어 봅시다. 240쪽입니다.

> 모든 집착을 여의고 그 마음이 참된 지식에 굳건히
> 뿌리박혀 있고 오직 신에게 바쳐진 공물(供物)로서
> 행위하는 자유혼에게는 모든 카르마가 소멸되는도
> 다. – 4장 23절

앞에, 자기의 모든 행동을 신에게 제물로 바치라는 말
이 있었지요? 그런 사람에게는 카르마의 법칙이 통하지
않는다는 이야깁니다. 업보라는 게 없다는 그런 말이에
요. 그런 사람은 이 세상에 다시 태어날 수도 있지만, 태
어나지 않을 가능성도 있다는 거예요. 스스로 원한다면
오는 것이고, 원하지 않는다면 안 오는 것이고.

최근에 저는 아주 재미있는 책을 읽었어요. '기억'이라
는 제목으로 번역되었는데, 혹시 읽으신 분 있습니까? 두
남녀가 정신과 의사와 따로따로 인터뷰를 하는데 최면요

법을 통해서 각자 자기 전생을 여행하는 겁니다. 한참 진행하다 보니까 같은 스토리를 두 사람이 번갈아 회고하는 거예요. 알아보니 전생에 부부였던 두 사람이 하나는 아내의 입장에서, 하나는 남편의 입장에서 같은 사건을 말하고 있는 겁니다. 그런데 이게 한 번만 그런 것이 아니고, 전생의 전생의 전생을 거듭해서 만나고 헤어지고 그랬다는 거예요. 한 사람은 멕시코 남자고 한 사람은 미국 여자인데 자기들이 얼마나 끈질긴 인연을 맺어 온 사이인지를 모르는 거예요. 중간에서 의사가 서로 만나게 해 준 결과 우여곡절 끝에 결국은 결혼을 해 버리고 말지요.(웃음) 이런 소설 같은 이야기를 기록한 사람은 이름이 와이스(Brain Weiss)인데 미국의 저명한 정신과 의사입니다. 과학자예요. 이런 내용의 책을 쓸까 말까 상당히 망설이지요. 그러다가 썼다는데, 아무튼 저는 재미있게 읽었습니다.

거기 두 사람은 몇 번의 생을 거치며 끈질기게 만나는데, 아버지와 아들로 만나고, 부부로 만나고, 친구로 만나고, 그렇게 만났다 헤어지고 만났다 헤어지고 그러지요. 그것을 영어로 소울 메이트(soul mate)라고 해요. 영의 동반자라는 뜻입니다. 여러분과 함께 사는 사람이 보통 사람이 아니에요.(웃음) 아주 끈질긴 인연이 있어서 지금 이렇게 만났다고 생각하면 사람이 달리 보일 거예요.

그리고 둘이 왜 만나고 헤어지느냐 하면, 목표는 하나밖에 없어요. 영적인 성숙을 위해서입니다. 영적인 성숙을 기독교적인 말로 하면 하느님을 아는 거라고 하겠어요. 하느님이 어떤 분인지 아는 것은 사랑이 무엇인지를 아는 거예요.

여기서 "카르마가 소멸된다"는 말은 인과법칙에 구속되지 않는다는 그런 뜻이 되겠습니다.

조금만 더 읽고 마치겠습니다. 241쪽이에요.

공물을 바치는 행위도 브라만이요 공물도 브라만이요 그것을 바치는 자도 브라만이요 그것을 태우는 불도 브라만이니, 그런즉 브라만에게 바쳐진 행위에 그 마음이 고정된 자는 마땅히 브라만에게로 나아가 그와 하나가 되느니라. – 4장 24절

브라만은 신의 이름이에요. 제가 지금 이렇게 여러분에게 이야기를 합니다. 그런데요, 여러분에게 이야기하는 저도 브라만이고 제 이야기를 듣는 여러분도 브라만이고 오가는 말도 브라만이고, 모두가 브라만의 표현이라는 그런 말입니다. 만물이 그분의 표현이라는 말이에요. 그러니까 너와 나가 따로 없는 거예요. 오직 그분만 있는 겁니다.

브라만, 오직 신만이 실재한다. 아까 말한 책 제목이 번역은 '기억'이라고 했는데 원제는 'Only Love is Real'입니다. 오직 사랑만이 실재한다, 다른 것은 모두 허상이다, 있는 것은 사랑밖에 없다, 이런 말인데, 여러분께 이야기하는 저도 사랑의 다른 모습이고, 듣는 여러분도 사랑의 다른 모습이고, 우리 사이를 오가는 말도 사랑의 한 모습인 거예요.

《금강경》에 이런 말이 있어요. 보시를 하는데, 물건을 주는 나도 공(空)이고 받는 너도 공(空)이고, 주고받는 물건도 공(空)이다. 그래서 삼체개공(三體皆空)이라고 그러지요. 보시하는 자는 이걸 기억해야 한다, 내가 준다고 생각하지 마라, 나는 없는 것이다. 너에게 준다고 생각하지 마라, 너는 없는 것이다. 물건을 준다고 생각하지 마라, 물건은 없는 것이다. 이것을 다르게 표현하면 여기 바로 이 말이 되지요. 주는 나도 브라만이고, 받는 너도 브라만이고, 주고받는 물건도 브라만이라는 거예요. 그렇게 깨닫고 "브라만에게 바쳐진 행위에 그 마음이 고정된 자는 마땅히 브라만에게로 나아가 그와 하나가 되느니라."

사람이 스승을 잘 모셔서 가르친 대로 열심히 노력하다 보면, 그러면 스승처럼 되고, 스승과 하나 됨으로써 마침내 하느님과 하나 될 수 있는 경지까지 갈 수 있다고 지금 《바가바드기타》가 말하는 것입니다.

우리에게 얼마나 고맙고 다행한 일입니까? 저더러 그 길을 알아서 찾아가라고 하면 저는 절망적이에요. 무슨 수로 제가 그 길을 찾아갑니까? 그런데 얼마나 고마워요? 우리에게 스승이 계시잖아요? 선생님이 계시잖아요? 내가 길이다, 내가 진리다, 내가 생명이다, 이렇게 말씀하신 분이 계시다는 말입니다.

바로 여기에 계시는 그분을 만나서 그분이 가르쳐 주신 대로만 하면 우리 모두가 원래 모습을 되찾는다는 거예요. '깨닫다' 를 영어로는 '리얼라이즈(realize)' 라고 하는데 '깨닫다' 는 말로 번역해도 되고 '실현하다' 는 말로 번역해도 돼요. 나를 깨닫는다는 것은 나를 제대로 실현한다는 이야기가 되는 겁니다.

이 깨달음의 길로 우리를 초대하는 책이 《바가바드기타》라고 저는 생각합니다.

오랜 시간 참고 들어주셔서 고맙습니다.

기획후기

일본의 철학자 나카무라 하지메(中村 元)는 만약에 '인도 정신'을 표현하는 단 한 권의 책을 든다면 그것은 바로 《바가바드기타》라고 한 적이 있습니다. 아마도 이 '인도 정신'은 간디 선생의 해설과 이현주 목사님의 강의를 통해서 우리에게 하나의 보편적 가치로 다가올 수 있을 것이라고 생각합니다.

본서를 기획한 신앙인아카데미(http://dialogue.or.kr)는 깊은 수행과 예언자적 성찰 그리고 생태적 삶을 지향하는 재야 종교·신학 교육기관입니다. 이 소박한 책과 만나는 모든 분들이 《바가바드기타》를 통해서 매개된 '그분'의 손길을 감지할 수 있기를 기원합니다.

2010년 5월 신앙인아카데미 합장